果然不凡

张云根 著

人民东方出版传媒
东方出版社

图书在版编目（CIP）数据

果然不凡 / 张云根 著 . — 北京：东方出版社，2024.1
ISBN 978-7-5207-3535-3

Ⅰ.①果… Ⅱ.①张… Ⅲ.①企业经营管理—研究 Ⅳ.① F272.3

中国国家版本馆 CIP 数据核字（2023）第 123441 号

果然不凡
（GUORANBUFAN）

作　　者：	张云根
责任编辑：	贺　方
出　　版：	东方出版社
发　　行：	人民东方出版传媒有限公司
地　　址：	北京市东城区朝阳门内大街 166 号
邮　　编：	100010
印　　刷：	番茄云印刷（沧州）有限公司
版　　次：	2024 年 1 月第 1 版
印　　次：	2024 年 1 月第 1 次印刷
印　　数：	1 — 8 000 册
开　　本：	880 毫米 × 1230 毫米　1/32
印　　张：	10.5
字　　数：	205 千字
书　　号：	ISBN 978-7-5207-3535-3
定　　价：	68.00 元
发行电话：（010）85924663　85924644　85924641	

版权所有，违者必究
如有印装质量问题，我社负责调换，请拨打电话：（010）85924602　85924603

推荐序 1
哲学与企业经营

果多美成功导入稻盛经营哲学，是在新冠肺炎疫情最严重的2020—2021年期间。其过程与结果，堪称典范。能够参与其中深感荣幸！其过程，如果不凝聚成文字，实在可惜！

在我近来的授课活动中，谈及"哲学导入"，总是要引用果多美的案例。课后，也总是有学员索要其哲学手册。果多美张云根总经理的有关演讲，更是大受欢迎，并引发关注。

本书的写作，则满足了那些致力于企业哲学建设读者的需求。与此同时，本书也可作为企业内部哲学教育的必备辅助教材，是果多美哲学手册的配套读物。本书作者张云根总经理正是在确认了自己写作本书的动机不是为了个人名利之后，才开始动笔的。其发心是利益员工、利益行业、利益读者，所以他非常坦诚、真诚地把要对大家讲的话，付诸笔墨。他提供了大量的真实事例、案例，并不忌自曝家丑，很有现场代入感。同时，他毫无保留地分享其生意经，实在是开放而慷慨。

本推荐序力图辅助读者读好、用好本书，因此将做些必要的理论铺垫。

关于经营哲学

1923年英国管理实践家、管理思想家奥利弗·谢尔登出版的《管理哲学》（The Philosophy of Management）一书，被公认为管理哲学学科奠基之作。英文Management对应汉语的经营和管理。在学术上，"管理"也通常泛指"经营"，"管理哲学"几乎等同于"经营哲学"。他奠基了一个学术领域——"管理哲学"，而今已在理论上相当成熟，并有硕士、博士的研究方向。

但此哲学，非彼哲学！本书所提及的"哲学"，并非学术式、学院派哲学，而是特指稻盛和夫践行出来的"稻盛经营哲学"。

稻盛经营哲学的根本特征不是学术的，而是实践的。它来自稻盛先生实际工作中的自问自答，以及专心工作、排除杂念后，直击本质的"智慧觉照"。稻盛先生说："当我这样全神贯注地投入工作时，杂念从心中消失了，我甚至接近了'无我'的境界……当心灵处于清澈纯粹的状态时，就会突然冒出不知来自何处的'智慧的语言'，也就是好的想法、好的思维方式。"这些好的想法、好的思维方式，经过不断提炼，最终在1994年京瓷创立35周年时编辑为《京瓷哲学》，并于2014年京瓷创立55周年时对外公开出版。2016年东方出版社翻译出版了该书，名为《京瓷哲学：人生与经营的原点》,简称《京瓷哲学》。它不是一般的"书",而是"经典",具有普遍的适用性,并可以指导任何行业的企业经营实践,果多美就是典型案例。

在本书中,稻盛经营哲学的核心载体就是《京瓷哲学》,在概念上它们也几乎等同。《京瓷哲学》共有78条,涵盖了做人、做事、做企业的原理原则,体现了稻盛先生的人生哲学、工作哲学和经营哲学。《京瓷哲学》是果多美导入稻盛经营哲学的主要哲学素材,具体技术我称之为"原浆勾兑"。"原浆"主要就是《京瓷哲学》,通过"食稻有化"的读书打卡,深刻领悟其内涵、连接行业与自身工作,利用我开发的哲学手册模板,将其转化为自己的哲学。与此同时,催生或归纳出自有哲学,如"新鲜度就是果多美的生命线"。于是,就做到了"哲学有谱",进而用于指导员工及企业的日常工作和经营管理。

总之,稻盛经营哲学是用来实践的,其具体过程是哲学建设"三部曲":食稻有化、哲学有谱、落地有效。

企业文化与经营哲学

谈及企业文化中的"文化",常被误解为"文凭学历""文艺活动""生日蛋糕""企业历史""打鸡血""口号"等。

事实上,企业文化中的所谓"文化",是个社会学范畴,"文化"是一群人共有的、可学习的一套价值观和行为方式。这群人是文化的主体，大可以是个国家、区域，小可以是部门或门店。而企业文化的主体，特指企业这个组织。企业文化，就是企业全员所共有的、可学习的价值观及行为方式。

企业文化的核心概念是价值观。所谓价值观，是关于事物是非及重要性的判断体系。比如诚实与虚假哪个正确？客户是否重要？这也就是稻盛哲学的原点——"作为人，何谓正确？"或"思维方式"。而稻盛先生把高层次的思维方式，称作哲学。

企业文化的实践来自日本，总结来自美国，根源是在中国。在日本，几乎每一位成功的企业家，都要系统地阐释自己的经营理念和经营思想，诉诸文字，并践行于经营活动。日本企业最早进入用理念来推动经营的阶段。企业文化在日本的诞生，有三个里程碑：日本企业之父涩泽荣一、"经营之神"松下幸之助和"经营之圣"稻盛和夫。

企业文化的根源在中国，就是人文教化，其关键在于汉字"人文"二字有着不同于英文"culture"的独特文化基因——"文明以止，人文也"（《周易·贲》象辞）。人文，就是要"止于至善"或"止恶扬善"，亦即"明明德"，也就是"内圣外王、修齐治平"之道。而稻盛先生把这个中国圣贤文化的哲学逻辑，变成了简单明快的经营逻辑——"提高心性、拓展经营"。于是，企业文化回归到了原点，也达到了高境界。

综上，稻盛经营哲学是企业文化的回归和本质所在，是对企业文化的终极思考，也是企业文化的一个高境界。它在学术上属于企业文化范畴，在管理职能上属于文化管理。企业哲学建设的基本规律、技术和方法，都从属于企业文化学科或专业。

经常被问及：企业文化与经营哲学的区别或关系问题。我认为，经营哲学是对经营规律的高层次、深层次的思考，并表达为一系列原理原则，是企业文化的高级阶段，如稻盛经营哲学。

关于经营哲学

所谓经营，就是将"人财物"等结构要素，与"产采销"等过程要素，进行有效的计划、组织、控制，以达成盈利和社会责任目标。而经营或广义的管理，又包括很多代表性职能领域：

第一，人的管理：如何凝聚人心？如何调动员工积极性？如何培育人才？

第二，财的管理：如何利润最大？如何准确把握账、物、钱真实状态？

第三，作业管理：如何提高效率、质量？如何降低费用？

第四，研发、营销：如何确保订单，并保持竞争优势？

以上四个代表性经营课题领域，都是稻盛先生最先遇到，并经过思考提出了相关原理原则的，比如：关于"人的管理"的"以心为本的经营""调动员工积极性的七个原则""如何培育人才"；关于"财的管理"的"会计七原则";关于"作业管理"的"分部门核算制度"(阿米巴经营);在"研发、营销"方面,则提出了四种创造:"创造新需求""创造新市场""创造新技术""创造新商品"等原理原则。以上这些就构成了稻盛经营哲学的典型内容。大家看,这就是所谓"实践的哲学",也说明了经营与哲学的关系。

以上财的管理、作业管理、研发与营销等都是靠人来完成的,所以人的管理是核心。而人的本质在于"心""心性""思维方式",涉及人生观、价值观,涉及"作为人,何谓正确?",这些所谓"人生哲学"便是"经营哲学"的基础。

那么,到底哲学是如何影响经营,本书给出了具体而生动的答案。

本书特色

作者个人特色,决定了本书的特色。作者毕业于知名大学管理学院,在世界五百强零售企业从一线干到高管,后又执掌大型国有零售企业及竞争激烈的便利连锁店。他既有哲学、战略思维,又有微观构划与操作能力。本书是学术架构、视角与实践者立足点的最佳结合。其学术架构、视角,比如员工与顾客"认知匹配"范式、底层逻辑分析方法论,对于实战者难能可贵。因此,他也具备了理论与实践的"两级兼备"。

果多美的价值,不仅仅在于保障供应、提升顾客幸福感等产品关联层面，还在于输出价值观、推进商业文明发展，为社会进步作贡献。本书的出版，便是出于"为社会、为世人"的稻盛式发心，这定会获得好的效果。

祝福果多美、感恩果多美！

青岛大学副教授

稻盛和夫（北京）管理顾问有限公司特聘讲师

葛树荣

2023年1月

推荐序 2
用良知指导经营

果多美目前是百果园集团非常重要的组成部分，两个品牌在2018年正式结缘，"双果合并"在当时可谓中国果业的一桩美谈。大家通常会从战略布局、竞争等多角度去理解双品牌的合并，但其实我们常常忽略一个内因，那就是两个品牌在文化理念上的高度契合。正所谓志同道合者共赴之，使命必达。

果多美"造福天下民生"的宏愿与百果园"让天下人享受水果好生活"的使命一脉相承，都是从利益众生的角度，为企业确立了自身的价值和意义。企业有大有小，梦想不分贵贱。小小的水果唤起的是人们的良知，也正是良知经营，才能支撑我们把水果生意做大做强，创造了中国乃至世界水果零售业的奇迹。

说起"用良知指导经营"这个话题，就不得不提到被誉为"三不朽圣人"的王阳明先生。其"阳明心学"中的"致良知"是众多有志者的思想指引，也是众多企业家的行动指南。

阳明心学的"致良知"

阳明先生是宋明理学的集大成者,又游刃于儒、释、道和兵家等思想,正因阳明先生一生文治武功,阳明心学在我国思想史上有着超乎寻常的地位。

从明朝中后期开始,阳明心学便作为儒学的一支被传播到日本、朝鲜和南洋等地,尤其日本的阳明心学研究对该国的历史、文化、社会影响最为巨大。日本诸多学者和企业家对阳明心学进行了继承和发展。如日本著名学者三宅正彦在其著作《日本儒学思想史》中论述了阳明心学对于日本历史发展的重要作用,日本企业家先驱涩泽荣一将阳明心学"知行合一"的思想应用于"实业",主张将个人财富的积累与国家财富的积累统一起来。

日本"经营之圣"稻盛和夫用"致良知"等中国的圣贤文化创立以"敬天爱人"为核心的"京瓷哲学"。中国企业家学习稻盛哲学后,对于良知和企业经营的关系又有了全新的理解和认知。张云根先生在这本书中很多的感悟,也都深受稻盛哲学的影响。追根溯源,其实都衍生于中国传统文化。

"良知"其实是儒家的核心思想,也是中国人最传统最朴实的信仰。在阳明先生眼里,"良知"是"平天下"的基础,当人在内心种下了"良知"的种子,便会驱动自己尽可能达到"良知"的要求,即"致良知"。"至善是心之本体,只是'明明德'到'至精至一'处便是"——阳明先生将"吾心"描绘成最高道德

"至善"，"我心即理，从我出发"，从而指向"止于至善"的价值追求。

基于上述分析，阳明心学中最脍炙人口的"格物致知"正是昭示了良知经营者的人格。我认为格物就必须革除对物欲的贪婪，因为一味追求个人利益的人是小能量者，谁也不愿意与自私自利的人同盟。致知，便是要帮助他人，把利他作为行为指南，当我们放下对个人物质利益的追求时，才能对他人关爱和帮助，也就会得到他人的认可支持，也会得到更多人的帮助。

从计较眼前利益得失的小我，到实现自我价值和利他价值双赢人格，在成就自我的同时泽被他人，在达成商业成就的同时提升人格，这样的人必然会吸引许多追随者，这样的企业，也才会是真正成功的企业。

好水果见证着人类的良知

水果行业是一个永恒的行业。大自然为人类无私地孕育，即是"至善"。如果不能带着这份虔诚、带着良知去经营水果，就很难有大的成就。先有水果后有人类，在人类漫长的进化过程中，水果都扮演着重要的角色。我们常说水果是一种情感商品，而情感商品，就更需要用良知去经营。

第一，水果是活的，有生命的。

第二，水果不同于其他商品，它能调动人的情感。

第三，水果是最佳的表达情感的礼品，适合要表达情感的所有场景，不仅是对人，还包括对天地、神灵的礼敬。

情感商品要有情怀之人去经营。果多美正是有张云根先生等一群有情怀的人，用感恩之心去经营，用利他之心去奉献，才取得了今天这样了不起的成绩。

"好吃"是检验水果的首要标准。原因有三：

第一，好吃的就是营养的！

好吃的滋味是各种营养物质构成的，风味浓郁的水果就是营养丰富的，寡淡无味的水果就是营养缺失的。

第二，好吃的就是安全的！

首先，好吃就必须有个先决条件，必须充分成熟，只有充分成熟，好吃的风味才能生成；而水果要充分成熟的前提是，树体必须健康；而树体健康就会少打或不打农药；少打或不打农药，水果才安全。

其次，凡是在生产上大量用了催红素、膨大剂、增甜剂等化学激素的水果，都不好吃；凡是好吃的水果，一定没有过量使用各种化学激素。

第三，好吃的就是生态的！

好山、好水、好土壤、好植被,一句话,好的生态才能出产好吃的水果。只有人们认识规律、敬畏规律,认识自然、敬畏自然,保护好生态环境,才可能持续生产出好吃的水果。

好吃的水果,是大自然对人类遵循天道的奖赏;经营好吃的水果,就是替天行道!这会促进人类良知意识的觉醒,从而使人类社会朝更好的方向发展!因此,好吃的水果见证着经营者的良知。

水果没有了水果味,是因为人没有了人味!水果的美味,是人类良知的显现!上苍对人类有良知的奖赏,就是让人类有好果子吃!上苍对人类违背良知的惩罚,就是让人类没有好果子吃!

当我们享受这无与伦比的美味时,请生起对大自然的敬畏和感恩,感恩大自然对我们人类的馈赠与恩赐!当我们享受这无与伦比的美味时,请不要忘记一群有着水果信仰、富有良知、替天行道的人!

好企业见证着经营的良知

尽管"致良知"作为中国传统文化,曾经是国人的普世价值观,但随着经济的飞速发展,金钱至上、唯利是图的观念有了抬头的趋势,"良知"也就被抛在脑后。有些企业只是将股东利益最大化作为企业的终极目标。而属于精神层面的"良知"则被有意无意地忽视。也出现了一些负面的社会问题。

"积善之家，必有余庆"，不做损人利己、伤天害理的事，不为了一时之利而罔顾人民健康与安全。企业的良知，就是"为之计长远"，不忘初心。对经营者而言，"致良知"便是对应厚德载物中的那个"德"，而"德"恰恰是企业家拥有能量的核心来源。

在日常生活中，越是自私自利的人，越得不到或者得到的很少。越是大公无私的人，反过来却会得到更多的回报。"德"是一种能量，经营者的能量越大，身边就会聚集更多朋友，经营者的能量越大，他的企业经营规模才会越大，效益也会越高，员工获得的财富也会更多。这就是致良知对企业经营的意义。

当然，尽管都知道良知对于企业和经营者的重要性，但要将它真正与企业背景相结合并落实到经营实践也颇为不易。稻盛先生创造的"哲学"和"实学"相结合的理论是让人眼前一亮的建树，值得中国企业研习和实践。

果多美在近几年的哲学实践中将稻盛哲学融会贯通，并且在新冠肺炎疫情时期验证了果多美自己的哲学——"果然不凡"的力量，着实取得了不错的成绩和成果。说实话，当我看到果多美哲学手册第一版时，心里充满了惊喜，也颇为震撼。作为张云根先生的老朋友和老同事，我为这一次令人欣喜的尝试而点赞。当然，更加衷心地希望这些在哲学建设之路上形成的宝贵经验能够助力更多的企业和同人，我想，这也是本书"利他"核心思想的体现，也是所有果多美、百果园人的期望！

深圳百果园实业（集团）股份有限公司董事长
余惠勇

2022年12月

本文参考文献：

1. 杨成亮、刘芳：《"阳明心学"对现代企业经营的启示》，《经营与管理》2019年
2. 叶尚友：《企业致良知：做有道德、有责任的经营者》，《前沿议题》2016年
3. 鲍海飞：《企业的良知》，《大家谈》2022年

推荐序 3
哲学教育的力量

作为一名企业管理顾问和职业讲师,最近几年常常听到客户和朋友反馈,他们说我无论在会议中还是课堂上,都会经常介绍一家名叫果多美的公司,而且只要一开聊,就总是忍不住地声情并茂,两眼放光,连音调都会高上几分——细想一下果然如此。究其原因,只是因为在与果多美经年的合作中,我曾对这个团队中的很多人和事产生过疑惑,而在目睹这些疑惑背后的问题一次又一次被解决时,我发现自己是在见证一种神奇而无形的力量。

于是,阅读此书,便成了一次不折不扣的解惑之旅。

对事的疑惑:空荡荡的大街上,谁在逆流而上?

2022年11月,我走进路边的商场,什么都没买到,只能遗憾地走出商场大门。街上行人稀少,偶有路过也是行色匆匆,神色凝重。四下看去,不远的前方好像有个超市,远远看去仿佛是熟悉的招牌，于是振奋精神，径直走去。很快就看清红底白字的果多美店招，店铺里热火朝天的景象随之映入眼帘。

店铺不大，也就百十来平，但等候结账的顾客已经排到了门外，店里的顾客摩肩接踵，络绎不绝，买水果的，买蔬菜的，买猪肉的，顾客脸上都洋溢着满足的笑容，仿佛都能看到他们对着家人喜笑颜开的样子——"瞧我厉害吧？买到这么多好东西……"

店里几个年轻的店员忙到飞起，有的在介绍产品，认真听了一下，这孩子的嗓子都哑了；有的在忙着维持秩序，"大爷稍等哈，马上就到您"；有的在动作麻利地为顾客买单结账……远远地看过去，虽然每个人的脸上都戴着口罩，但依然能看到他们额头和面孔上沁出的细密汗珠。

看到眼前这一番活色生香的热闹情景，原本灰暗的心情突然就好了不少，突然就想到了三年前，2020年的春天，新冠肺炎疫情突发的那个春节。到处都是紧闭的店门和萧索的景象。不经意间走进了一家果多美，店里像今天一样热闹，员工也像今天一样忙碌。

印象最深的是我当时把买好的水果蔬菜拿回家，父母特意问了价钱后脸上露出的不可思议的神情，和因为吃惊而张大的嘴巴。母亲说："怎么可能比春节前市场卖得还便宜？"父亲则显得更加疑惑："新闻不是说好多地方农副产品涨价了好几倍吗？"在确认没有弄错价格的前提下，两个八十岁的老人一个劲儿地跟我说："这个果多美，还真是把老百姓放在心里的好公司！"

我告诉他们，果多美这个公司确实好，不仅是因为他们平价甚至低价供应果蔬不赚黑心钱，还有当大多数人因为害怕而选择逃避的时候，他们的员工却选择了逆流而上，坚持开店为周围居民服务。除此以外，他们还为周边封控的小区居民和行动不便的老人提供送菜服务，甚至帮助老百姓提供代为采购生活用品等远超水果店经营范围的工作。

听闻此言，父母频频点头，从此认定果多美是他们购买果蔬的唯一选择。但我想，他们的心里可能也会和很多人一样，存在着几个这样的问题：

空荡荡的大街上，为何逆流而上？

别人涨价你降价，哪的底气保证？

人人后退我向前，什么信念支撑？

对人的疑惑：明明精疲力尽，为何眼中有光？

相信三年前的那个春天依然保留在我们的记忆中，所以当看到那些二十来岁的年轻人，原本定好春节后休假，却因门店缺人而主动留在公司加班，或者已经回家休假，却不顾亲人的担忧和反对，主动申请回公司的情况每天都在不停地上演时，你一定会感受到当时我的内心有多么震撼。

不记得是哪天了，人力资源部把当天的表彰送给了一位年轻的店长，原因是这个店长已经主动连续在门店工作了25天，每天工作超过16小时，基本上是睁开眼睛就干活，实在累极了就到门店后面的小休息室睡上一会儿。

类似这样感动的事情还有很多，店长心疼员工，员工心疼店长，彼此互相打气、互相慰藉，共同战斗的例子数不胜数。说实话，我一直没想明白，是什么原因让年纪轻轻的他们有如此的担当和勇气？面对父母的担心和叮嘱，面对新冠肺炎疫情带来的可能风险，他们是如何心生出如此大无畏的精神？

所以，很想非常认真地问问他们：明明已经精疲力尽，你们却为何依然眼中有光？

这个振聋发聩的问题，我也曾在心中模拟过他们的视角，试图寻找到答案：为了钱？一群农村来的年轻孩子显然需要钱，没有钱，他们没法交房租，没法谈恋爱，没法买自己想要的东西，也没法开启未来的美好生活。但跟生命和健康相比，这点收入就太微不足道了，先不说员工本人，即便是家中的亲人，都绝不可能在全国人民谈"疫"色变的当时，舍得让自己最亲爱的孩子为了挣点钱而去冒这个风险。

为了领导的信任，和同事的友谊？或许有一部分，但我相信绝不可能是全部，为了领导和同事的友谊，或许可以偶尔为之，但要那么长久地奔波在一线，面对如此巨大的风险，无论对谁都是巨大的挑战和考验。那到底是为了什么？

书中自有黄金屋：哲学和教育，让灰姑娘变成天使

在一口气读完了果多美掌舵人张云根先生的这本书后，上述两个问题都找到了确定的答案。通过书中描述的这些既有阵痛和问题，也有顿悟和成长的经历，我看到了一个优秀企业家的真诚与发心，更看到了一个企业打造自己文化之树的过程。在张总异常质朴而平实的文字中，我最强烈的感受有如下三点：

1.高尚的企业文化/哲学，能够提升员工的心性

在这本书中我看到，新冠肺炎疫情刚刚发生时，大家长根哥（张总）就给所有员工写了一封长长的信，读了这封信，员工们才知道，原来他们不只是一群普通的卖水果的售货员，更是为京城老百姓提供生活保障的助力者。尤其是当他们确实由于自己的付出，收获了很多让人惊喜的回馈时，这些或物质（顾客主动送来吃的、喝的慰劳他们）或精神（表扬和鼓励，甚至主动到店义务帮忙）的反馈，让他们为自己的存在价值感受到深深的喜悦！

我还看到，在书中被频频提及的公司企业文化/哲学的核心思想就是"向善"和"向上"，并以此作为对员工进行"做人"和"做事"的指引，当我读到公司组织大家集体阅读稻盛哲学并撰写读书笔记、开展战狼训练营、ABC精进赛等非常务实的实际行动时，不免深深地感慨：文化/哲学不是说出来的，而是做出来的，当领导者做出这样呕心沥血的努力时，文化/哲学其实早已经在不经意间植入

了员工的心里，尤其是真切地体会到帮助别人真能让自己开心幸福时，对这些词的理解就又会更深几分。

说实话，当我第一次看到"利他"和"大义名分"这样的词从一群最朴实的普通员工嘴里说出来，却毫无违和感的时候，心是有被震撼的感觉的，因为这是在亲眼见证一种力量，一种"高尚的文化/哲学可以提升人的心性"的力量。而这样的力量，或许就是在艰难的抗疫岁月中，员工敢于冲到一线，冒着生病危险忘我工作的原因之所在。

2.统一的企业文化/哲学，能够让工作小组变成团队

书中有大量关于果多美员工在新冠肺炎疫情中精诚团结、互帮互助、共同抗疫的故事。尽管是文字描述，我们也能读到作者对这段特殊岁月的深厚感情。

在这些描述中，我看到了员工们最初的担忧和困惑，看到了管理层的真情流露和身先士卒，还看到了他们彼此之间互相理解支持的实际行动。不知不觉间，那个关于"明明精疲力尽，却依然眼中有光"的问题答案就浮现在了我的眼前。

或许是从新冠肺炎疫情初始，公司领导第一时间就做出的"如果真有员工感染病毒，公司将负责所有医疗费用"的承诺让员工瞬间感受到了来自家人般的温暖和保障，同时也自然升腾起一种要为家人做些什么的愿望？又或许是无论是在新冠肺炎疫情

中还是在平时，果多美人都已经习惯把门店同事当成家人来对待的那种骨子里的文化/哲学让他们在家人遇到困难时，自然而然就会选择奋不顾身？

他们把这样自然却发心至善的行为称为"为伙伴尽力"，并把它写进了自己的果多美哲学手册中。

我们都知道，在管理学的相关概念中，工作小组和团队的概念是被严格区分的。两人以上一起工作就可以成为工作小组，而只有拥有共同的目标和行为方式才能被称为工作团队。

毫无疑问，通过这本书我看到，文化/哲学可以把工作小组变成团队。

3.基于文化/哲学的教育，是企业培训的最高境界

大哲学家雅斯贝尔斯在其著作《什么是教育》中说过："教育就是一棵树摇动另一棵树，一朵云推动另一朵云，一个灵魂唤醒另一个灵魂。"从这个视角看，果多美对员工的培养，早就超越了培训技能的范畴，已经达到了教育的境界。这种教育带给员工的触动，是超乎物质和可见层面的精神洗礼和心灵成长。

听说在不久前的一次工作会议上，副总东哥问了参会者们一个看似简单的问题：当别的水果店都关张，但果多美坚持营业时，我们的价值体现在哪里？是因为别人不经营我们经营，所以把握机会，取得了业绩提升和收入增长？

这样的答案当然不会在果多美出现。听说参会员工们充满感情地表达了自己对价值的理解：为百姓提供民生保障！

在肯定了员工的想法以后，张总却又说出了一个让人意想不到的价值点：与"满足老百姓的菜篮子需要"这种有形价值相比，逆流而上的行为所带来的无形价值却更加弥足珍贵。那就是——逆境中的希望！

无论是新冠肺炎疫情初起时的恐惧，还是管控结束前的无奈，面对空无一人的大街和寥寥无几的行人，心中的惶恐和对未知的担忧是人们普遍存在的心理状态，而果多美店铺里亮起的那一缕灯光和人声鼎沸的热闹场景，都无一不在向人们传递这样一个信息：这个世界依然是大家所熟悉的那个柴米油盐的平常世界，可恰恰是这样的寻常烟火气，却最抚凡人心！

毫无疑问，这是一次生动且深刻的教育。从大家最熟悉的场景着手，将之赋予更高维度的意义，从而触达精神层面的共鸣，最终提升受众的认知和心性。这样的教育，不仅能够打动人，更加可以引导人。当然这种引导，只有建立在大家已经拥有的共同价值观基础上并进行升华，才会彰显出更加强大的力量。

认识张总多年，以前总觉得他是一位能够在风云诡谲的商场中身经百战却叱咤风云的经营奇才，而在这本书中，我却看到了他悲天悯人的大愿大义和羽扇纶巾的人文情怀。这些年有幸与他数度交流,目睹了他在果多美哲学建设过程中付出的心血和汗水,更加见证了这段旅程带给他的变化和成长。

如果说曾经的张总是一位骁勇善战的将军,那么如今的他便是运筹帷幄的元帅!而从将军到元帅的距离,恰恰就是从优秀到卓越的距离。

所以,您手中的这本书,值得最认真的阅读和最真诚的推荐!

北京和泰智研管理咨询公司总经理

赵莉敏

2022年12月

目　录

前言　我为什么要写这本书 /001

第一章　缘起：文化建设，已经非做不可 /007
第一节　那些年，我们与顾客之间的爱恨情仇 /010
顾客眼中的我们和我们眼中的顾客 /011

是什么让我们的关系剑拔弩张？ /015

行动，需要"心动" /019

第二节　"我的未来我的店"为什么会失败 /024
梦想远在天边，近在眼前 /024

水能载舟，亦能覆舟 /026

以厚德承载万物，用心性托起梦想 /030

第三节　一道让人痛苦的选择题：培育，还是放弃？/033
必须去面对和接受的底色 /033
放弃还是培育，是情与理的考量 /035

第四节　答案来自心底：把果多美办成一所大学 /039
学会做人和做事，才是幸福的源泉 /039
"以事炼心，以文化人"的果多美大学 /043
只要用心教，就能学得会 /046

第二章　回顾：不知不觉中的文化初探 /049

第一节　"三个无忧"和"两个性价比"，成就果多美的今天 /053
三个无忧，让中国人吃水果不再有顾虑 /053
两个性价比，不小心摸到了顾客的脉 /057
仍在与时俱进的当下 /059

第二节　"不让挑不让选"的背后，不是不爱，是很爱 /064
不让挑不让选的背后其实是公平、品质和效率 /064
从"不让挑不让选"到"帮您挑帮您选" /067

第三节 运营三板斧，运营的不是业务，是顾客的心 /070

运营三板斧的两个核心价值 /070

高素质环境才能吸引高素质顾客 /072

第三章 沉思：卖不卖菜带来的启示 /075

第一节 果多美为什么一直不卖菜？ /078

鱼龙混杂环境下的第二曲线？ /079

不卖菜，才是真的为企业好 /080

第二节 果多美为什么终于开始卖菜？ /084

又选择卖菜，只是因为"情" /084

始料未及的情感回馈 /085

第三节 卖与不卖的距离，是"我"和"他"的距离 /088

义和利，是衡量优劣商人的唯一标尺 /088

赠人玫瑰后，顺便而来的手有余香 /090

第四章　涅槃：果多美哲学手册诞生记 /093

第一节　缘分，让我们遇见稻盛哲学 /096
遇见稻盛哲学，遇见葛教授 /096
哲学，原来就在所有人的身边 /098

第二节　一路走来，那些值得纪念的里程碑事件 /100
是机会，不是任务 /100
八十天的打卡，让我们撑过难关 /105
每周二的傍晚集结令 /129
青岛之旅的思与悟 /138
一群人的闭关和涅槃 /144
高管认知的共通，是文化落地的必经之路 /150
每个条目都要人人看得懂，人人都爱看 /155
在日日诵读中感受哲学的力量 /159

第五章　验证：工作中的哲学与实学 /165

第一节　危机重重中的工作验证 /168
正确做人是非凡的开始 /168
从"利己"到"利他" /173

为伙伴尽力 /178

贯彻现场主义 /180

用真心与顾客构建邻里关系 /183

人生成功方程式 /186

第二节　工作中的实学验证 /190

战狼训练营——连接哲学与实学的桥梁 /190

门店 ABC 精进赛——干，就要玩儿真的！/195

ELDP 卓越领导者成长营——用利他思维的"身教"打造人才摇篮 /200

第六章　再起航：种善因，修善缘，果多美 /207

第一节　《果然不凡哲学手册》的果然不凡 /211

共同的价值观成就共同的交流平台 /211

携手战斗造就彼此信任的工作氛围 /213

始料未及的素质能力提升 /215

第二节　管理做不到的事，文化可以 /218

从"你要求"到"我愿意"背后的思维转变 /218

放弃管理，管理效果却纷至沓来 /223

文化是管理的灯塔 /226

第三节　从文化到哲学的升级 /229

果多美为什么需要哲学 /229

从文化到哲学的升级 /235

企业如何推进哲学落地 /241

第四节　种什么因，修谁的缘，结什么果？/245

果多美种的是什么善因？/246

果多美修的是什么善缘 /253

果多美为什么会"果多美"/270

后记　企业家的未来是教育家 /272

附录　果多美哲学手册 /279

重磅推荐 /297

前言
我为什么要写这本书

2022年平安夜,就在新冠肺炎疫情管控全面放开之后,全国人民与新冠肺炎疫情作最后斗争的日子里,我终于完成本书稿撰写,前后历时一年之久,它诞生的过程,也是自我灵魂的重塑之旅,个中滋味五味杂陈,又荡气回肠。当最后一个句号在键盘上被敲下时,有一个问题更加鲜明浮现在了我的脑中:

我为什么要写这本书?

所以,在读者还没开始阅读前,我想先把著书的初心做个说明。

期待中的读者

仔细想来,对于这本书的读者,我期待有这三类人:

第一类是我的伙伴,是曾经、现在或者未来在果多美工作的每一个员工,以及像他们一样的年轻人。

送给他们，是因为，我曾经像每个年轻人一样，对前途和人生充满向往，但却又不得不直面生活带来的痛苦和困惑，我深深地了解对于一个年轻人来讲，拥有理想是多么可贵。更重要的是，在理想与现实的碰撞中追求解决问题的答案时，如果走了错路或弯路，轻则事倍功半、苦费功夫，重则南辕北辙、迷失堕落。我试图从企业文化建设的角度，让大家理解一位企业负责人对年轻人的期望，从而让年轻人找到个人的成功之路，至少可以能在他们面临选择时作为参考。

第二类是我的同人，是那些拥有创业梦想并为此付出颇多汗水和努力，最终收获了一定成果，但也在创业路上对于"未来怎么走"这个话题产生巨大困惑和不解的企业家。

送给他们，是因为，作为一个曾经冲在商战一线、打过一次又一次大大小小战役的商场老兵，在自己执掌一家企业并眼瞅着它以令人欣喜的速度茁壮成长时，一方面因为获得的成果充满了骄傲和对未来的向往；但另一方面，也因为企业成长所出现的各种问题而焦头烂额：比如面对公司经营管理问题时的憔悴不堪；面对顾客和员工问题时的不知所措；面对企业生死存亡时的焦虑彷徨……所以我想把自己的成长旅程和顿悟所得告诉他们，以便他们在面对和我一样的抉择时，有一个可以参考的案例，减少经营之路上的挫折与痛苦。

最后一类人其实只有一个人，那就是我自己。人过四十，一定会有很多的感悟和感受。毫无疑问的是，这两年对于文化与哲学的认识和梳理过程，对我的整个人生起到了一个承上启下的关键作用，从坚定地以为产品和营销是一家企业生存的核心要素，到真切地理解"利他"才是所有企业唯一的生存之道。这个道理是在长久思索和企业经营的实践中才慢慢得以顿悟。所以，把它们记录下来，一方面作为送给自己的礼物；另一方面，让它成为另一个新的起点，为成为更好的自己留下可参考的沉淀。

将人生中最值得记忆的一段时光记录下来，送给员工，送给同人，送给自己。倘若能因此对读者有所裨益，那便是这本书最大的价值。

本书的逻辑框架

本书的核心内容是果多美的企业哲学探索以及成长之路，将从基于"问题"而产生的"碰到问题–找到问题–解决问题"的时间线来展开论述。

果多美的哲学成长之路并不是我主动要求的，而是被动激发的。也就是说，在果多美企业经营过程中，我遇到了前所未有的困难，而回归本源的起心动念让我发现了问题背后的问题，并最终在不断摸索中找到了解决问题的方法，基于此，我按照时间线的逻辑，将本书分成了六个章节。

第一章是问题的提出：正因为果多美在企业发展过程中碰到了

关于经营策略和组织管理两方面的困难，而这些困难让当时的我苦苦思索却又不得其解，由此才产生了迫切想要解决问题的动机，思来想去，终于发现，文化建设是唯一的方法。

第二章是历史的回顾：在我苦苦寻找企业经营问题的解决方案时，不由得对企业的过去进行了回顾，这个回顾让我有了一个令人惊喜的发现，原来果多美是个有历史、有文化的企业，过去的文化恰好符合了一定的客观规律，从而促成了阶段性的成功。

第三章是当下的沉思：既然本来就有文化，那为什么还需要文化？过去的文化对今天的我们会有怎样的启示，同时又需要什么样的优化？这些问题在本章得到了确定的答案，从原来的"无意识匹配"，到今天有意识的总结，我们最终明确，"利他"思想才是企业经营和发展的底层逻辑。

第四章介绍了《果然不凡：果多美奋斗者成长手册》（以下简称：果多美哲学手册）的诞生过程：从与葛教授的相识，到葛教授辅导我们完成这本属于我们自己的哲学手册，这一段刻骨铭心的日子值得记录、纪念，相信对它的回望也将对期待开启哲学导入的企业有所助益。

第五章是工作中的验证：2020年新冠肺炎疫情的初起，恰好与我们开始编撰哲学手册在同一时间，这段你中有我、我中有你的抗疫日子，为我们这本手册平添了让人毕生难忘的浓墨重彩，也促成了哲学在工作中最好的实践与验证。

第六章是对果多美哲学成长之路的总结和展望：一方面，我将对果多美最终形成的文化/哲学进行解读；另一方面，也会将在孕育手册过程中的感受与经验进行总结，以期对有相同需求的同行企业提供一定的借鉴。

本书逻辑框架

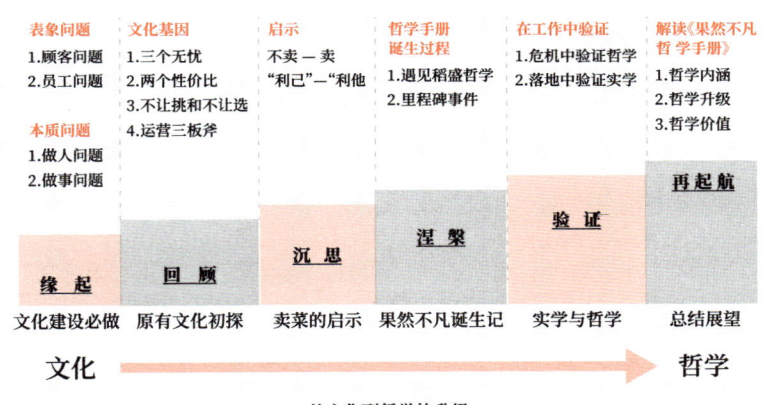

表象问题	文化基因	启示	哲学手册诞生过程	在工作中验证	解读《果然不凡哲学手册》
1.顾客问题 2.员工问题	1.三个无忧 2.两个性价比 3.不让挑和不让选 4.运营三板斧	不卖一卖 "利己"—"利他"	1.遇见稻盛哲学 2.里程碑事件	1.危机中验证哲学 2.落地中验证实学	1.哲学内涵 2.哲学升级 3.哲学价值
本质问题 1.做人问题 2.做事问题					
缘起	回顾	沉思	涅槃	验证	再起航
文化建设必做	原有文化初探	卖菜的启示	果然不凡诞生记	实学与哲学	总结展望

文化 → 哲学

从文化到哲学的升级
1.认知升级：确定利他原点
2.内容升级：从点状到系统
3.效果升级：从提炼到共有

最后想说的是深深的感谢。感谢颜京云女士为我们提供的与稻盛先生神交的机会，如果不是因为与稻盛哲学的结缘，我就没有可能知道哲学对企业和人生经营的重大意义。

感谢亲爱的葛树荣教授,在我们这条哲学探索之路上,葛教授以他深厚的学识和最真挚的帮助为我们诠释了最好的利他文化,并给予了最专业的支持。

感谢我们果多美的所有员工,是最可爱的他们用自己最真诚的行动成就了我们曾经的文化底蕴,并以最饱满的热情投入对未来的期待与实践!

最后要感谢东方出版社的编辑姜云松先生,感谢对一位从未正式出版过书籍的作者的信赖与支持!

当然,作为一名第一次撰写书籍的作者,书中所言皆是我工作中的个人感悟,肯定还有很多偏颇和不完善之处,欢迎各位同人和读者批评指正。

所有过往,皆为序章。果多美的哲学之路任重道远,我们仍在路上。

Chapter 1
第一章 缘起

文化建设，已经非做不可

本章导读

一切问题的原点,都在于做人和做事

2009年,果多美第一家店在北京诞生。十余年间,我们通过"卖水果",传递大自然对人类最美好的馈赠,收获了京城百姓的支持与信赖。这份造福民生的事业让我们拥有着天然的使命感,看似平凡,实则伟大。

在回顾、总结果多美企业发展及果多美家人奋斗成长史的过程中,我们惊奇地发现,非凡的事业其实正是由我们每一个平凡的奋斗者拼搏而成。他们的成长总是历经坎坷:有些从洗车工或者餐饮服务员,一路披荆斩棘,成长为门店优秀的管理者;有些从到处帮人收麦子的流浪打工者,不断学习沉淀,一跃成为优秀的经理级干部。他们一个个鲜活的故事,让我们更加坚信双手可以改变命运。

但不可否认的是,果多美在发展过程中也碰到了不少必须解决的问题,这些问题从表象上看主要体现在两个方面:顾客问题和员工问题。

顾客问题指的是作为一家服务型企业,我们的员工与顾客的关系不够和谐，顾客对我们的服务评价始终不尽如人意；而员工问题则指的是员工的行为相较企业的发展要求还有很大的提升空间。但无论是顾客问题还是员工问题，其实都与员工的认知和能力有关。

果多美家人大多来自地方乡县，由于原生家庭等因素，想要达成一番成就，往往需要付出比他人更多的艰辛与汗水。时代的高速变化更让新一代果多美青年接受了纷繁复杂的信息，却无力正确认知，进而对人生感到迷茫，对成长手足无措。

随着企业发展，果多美也纳入越来越多拥有良好教育的年轻人，但知识并不能帮助其培养正确的思维方式，有时我们穷其力量追逐的"成功"并没有带来幸福快乐，反而让我们在梦想与现实的落差中，焦虑无助。

说到底，这些问题的背后所体现的无一不是"做人"和"做事"。其中"做人"指的是"与人相处的方法与心态"，"做事"指的是"解决问题的方法与心态"，综合起来就是"待人接物"。古人云"世事洞明皆学问，人情练达即文章"，没有待人接物的底蕴，其他能力都是"浮云"。解决这两个问题就成了我考虑编撰哲学手册的定位原点，也最终成为果多美哲学手册结构主线。

"大学之道，在明明德，在亲民，在止于至善"。果多美作为一家数千人的企业，更应该承担起这份社会责任，让所有无法读完大学、读好大学的果多美家人，通过果多美平台的实践与历练，开拓智慧，启迪心灵，从而由平凡走向非凡，收获美好的人生。

第一节

那些年，我们与顾客之间的爱恨情仇

如果只能用一个词来形容果多美这些年来员工和顾客的关系，我觉得没有比"爱恨情仇"这个词更贴切的了。

之所以这样说，是我始终觉得我们的员工和顾客之间的关系非常别扭。按理说，顾客能从果多美买到又新鲜又好吃的水果应该是件开心的事情，而员工也应因顾客选择我们而增加业绩心存感恩，但真实的场景却并非如此。在下属给我的工作汇报中，因员工与顾客的摩擦导致顾客投诉的案例不在少数，而我本人在巡店检查工作中，这种感受也更加明显。即使我还在店内，员工和顾客之间的口角和冲突也时有发生。即便冲突还没有发生，在员工与顾客之间的对话中，也能轻易感受到莫名其妙的火药味。就是这样长期的矛盾状态，导致稍有不慎他们就会剑拔弩张。

打个比方来说，我们的员工和顾客，就像是一个项目的两个伙伴，本来应该兴高采烈地一起合作，却总是时不时地因为一点小事闹别扭，争个脸红脖子粗。尽管顾客与员工的关系问题是几乎所有服务型行业都会面临的问题，但这个问题，在我们果多美，显得尤为突出。

时间长了，我开始慢慢发现，之所以会出现这么别扭的情况，是因为顾客眼中的我们，和我们眼中的顾客，都与想象差之甚远。

顾客眼中的我们和我们眼中的顾客

说来你可能都不信，直到2020年，在我们的门店，员工与顾客吵架的事情竟然还时有发生。说实话，这个事让我每次想起来都觉得有点羞耻。回顾我前二十年的职业生涯，因为曾经在沃尔玛等世界500强企业工作，"顾客至上"的理念早就成为我心中一个根深蒂固的原则。随着社会文明的发展与职业素养的修炼，"顾客是上帝"也已经得到社会的普遍认可。所以每次听到下属汇报，哪个门店的员工又跟顾客吵架了，哪个顾客又因为员工的态度生气投诉了，我都非常吃惊。我常常发出感慨，都什么年代了，还认为与顾客吵架是情有可原的。

2018年开始，我们委托第三方咨询公司做顾客满意度调研，公司也安排了专门的顾客服务部门去收集顾客点评意见，同时也组织了神秘顾客暗访检查工作。说实话，无论是咨询公司的顾客满意度调研报告，还是神秘顾客提供的检查情况，以及我们自己组织搜集的顾客意见，"员工态度问题"都是遭顾客投诉最多、令顾客最不满意的地方。

简单举几个顾客对我们评价的例子：

看到有好几种苹果在出售，想问问服务员哪种最好吃，员工头也不抬地反问我："我又没吃过，怎么知道哪个好？你自己挑吧。"这是什么态度？气死了！

服务相当差，也不知道老板在哪儿招的服务员？每次买一斤的东西都恨不得给我装三斤，能别做得那么明显吗？

这家店的女店员特别蛮横，我明明是会员，她没有按会员价结账就算了，在我发现时，不但不道歉，还依然坚持说扣款不能修改，真是"牛"……

这样让人尴尬和生气的评价，当时在我们的点评网站上一抓一大把，毫不夸张地说，每当助理把这些信息摆在案头，我都会如坐针毡。

为了解决这个问题，我也曾经做过很多努力，开会宣导，组织培训，但一通努力下来，发现收效甚微。即使来参加培训的员工在课堂上觉得服务真的很重要，但是一回到门店就恢复原形；还有些员工嘴上说着一定要做好服务，但心里并不认同。后来与门店员工交流得多了，才发现，他们也有他们的"说道"。

我一直不明白为什么明明每个员工都知道"公司的经营，包括自己的收入全部都来源于顾客，所以顾客对我们所有人都非常重要"的道理，但还是会对我们的衣食父母心生敌意。

印象最深的是，有一次在公司组织的服务培训课程中，当培训老师跟员工交流对服务的认识时,有一位店长当场站起来,非常委屈地向老师和同学们诉说了他之前受到的一个顾客的"刁难"。一位顾客因为排队排太久产生情绪,直接把已经挑好的水果扔到了地上,并且冲"工作效率极低"的他大发了一顿脾气。在说这个故事的时候,这位店长都快哭了,他的原话是:"排队又不是我的错,干吗冲我莫名其妙发脾气,我招谁惹谁啦?要是领导还让我道歉,我就立即走人!"说这话的店长是一位努力认真、吃苦耐劳、平时表现非常优秀的店长。

为了真正了解员工的想法,我委托同事搜集员工们对顾客和服务的认识,经过几番交流和沟通,大约收集到如下几类员工们的心声:

在门店工作那么久,真的见过很多不讲理的顾客,横挑鼻子竖挑眼,有时候甚至还骂人,顾客的素质太差了!

为什么要对顾客低三下四?他们可以大声说话,为什么我们不可以?不是说每个人都是生而平等的吗?为什么在顾客面前我们却那么没有地位?凭什么?

我们不就是卖水果的吗?水果不都在那摆着吗?一眼就能看到的东西,还问东问西,有什么好问的?还嫌我们不够忙吗?那么多人排队,还不赶紧快一点!

不知道是哪来的这种不公平的规定,说什么顾客永远是对的,怎么可能呢?

最让人郁闷的是，只要一有顾客投诉，领导就不问青红皂白地让我们给顾客道歉？凭什么？真心不想道歉，没做错事干吗要道歉？

原来在员工的眼里，不少顾客就是这样一群"不太讲理"的人，他们常常提出不合理的要求，面对这样的顾客，自己才是那个受了委屈的群体。

还有一件事非常值得拿出来说一说。这件事发生在2020年春节过后，那会儿我们已经开始进入哲学手册编写前，对《京瓷哲学》的读书打卡阶段。那次打卡的条目是"为伙伴尽力"，我在读书打卡群里，看到了这样一条打卡内容：

今天上午，顾客在排队结账，当时有一位顾客在收银秤旁拿山竹，挡着收银秤了，于是后面排队的一位大爷就说了脏话，意思是让员工先给他结账，员工不乐意听，反问大爷凭什么张口就骂人，不会好好说话吗？俩人在那儿吵上了，顾客还拿手指着收银员，骂得很难听。当时我在门口促销，赶紧过去了解情况，了解情况后我气得要命，直接给那顾客骂回去，最后终于把他气走了。

我们确实是要把服务做好，但今天的事不是我们的责任，作为店长我应该保护自己的员工，做生意什么样的顾客都会遇上，碰到这种不明事理的顾客，我宁可失去他，也不可能让员工受欺负。

这条打卡内容让我大为吃惊。原来在这位已经成为管理者的店长眼里，员工是不能被欺负的，顾客是可以骂的。只要员工不受欺负，把顾客骂走也在所不惜。在他的意识里，完全没有想过是什么原因导致顾客生气以致产生不礼貌的行为，我们的员工在服务过程中也从未意识到哪些行为会引发冲突或可以前置化解冲突。总而言之，大部分员工是缺乏正确的服务意识的。

那么，究竟是什么原因导致我们的基层员工，甚至是很优秀的店长对"服务"产生这么大的认知偏差？

是什么让我们的关系剑拔弩张？

关于这个问题，我通过反思果多美的经营机制，找到了如下几点可能原因：

第一个原因："不让挑不让选"文化带来的负面认知。

创业之初，果多美曾经立下"不让挑不让选"的经营政策，也就是说，顾客在买水果时不能自行挑选，必须由我们的员工帮助选取。当初定下这个政策，更多是从水果的特性出发，既保障顾客先后购物的公平性、购买服务的效率，以及商品品质的稳定性，又能够将水果损耗降到最低，防止更多的成本转嫁到顾客的身上。在本书第二章第二节"'不让挑不让选'的背后，不是不爱，是很爱"的文章中，我做了更详细的说明。现在看，不可否认，这个规定很大程度上影响了员工对顾客的敬畏心。

尽管这个政策的初心是为了公平、效率和品质，但是员工了解完背后逻辑后，在执行的过程中，不由产生较为强硬的态度。越是看到顾客想要挑选，员工越会觉得应该要阻止，随即就会发生冲突。阻止"自私自利"的挑选，利益了更多顾客，这种"替天行道"的假象，让员工对顾客升起了憎恨心，久而久之，争吵的范围就会被扩大，顾客就不再是上帝了。

关于"不让挑不让选"带给员工的负面认知还有一种情况。部分顾客因不满"不让挑不让选"的规定，一气之下离开了果多美，但后来也发现"不让挑选"的货架上才有好水果，于是又回来了。本来，顾客失而复得，是一件非常值得开心的事情，一些员工却又滋生了傲慢心，他们会在心里责备顾客："你不是说你不买吗？你不是说你要离开吗？有本事你就永远也不回来，怎么现在你又回来了？还不是觉得我们的东西好吗？"把这样的心态带到工作中，就更容易与顾客对立。

所以，不可否认，"不让挑不让选"这个经营政策，随着时间的推移，在某种程度上，确实滋生了果多美人的傲慢，也是员工总和顾客吵架的根本原因之一。

更可怕的是，这种与顾客吵架的习惯养成后，它会慢慢地传递下去，变成门店的一种普遍现象。或许后入职的新员工已经不知道"不让挑不让选"背后的真实原因，他们只看到了"员工与顾客吵架"的事实，于是自然就觉得既然老员工都可以跟顾客吵架，那我也可以吵，对那些"不自觉、素质差"的顾客，只有争吵才是维护门店和自身利益的方法，至于什么算是"不自觉和素质差"，基本上就靠自己的认知甚至心情来判断，有时自己的口角之快也会不自觉地把它冠以"谁让顾客素质差"的名头。

尽管后来我们已经清晰地意识到这一点，并将"不让挑不让选"的理念升级成了"帮您挑帮您选"，目的就是既期望能让顾客的感受更好，同时也希望能带给员工更正面的引导，但是根上的问题还是要让员工能够深刻理解顾客对果多美企业以及所有员工的重要性，理解顾客与店铺经营和个人发展的关系。而想要让他们理解这一点，不可能一蹴而就，需要长时间的渗透与教育。

第二个原因：不是不想做，而是不会做。

造成员工与顾客关系对立的另一个重要原因就是，员工普遍不会表达、不善表达。

印象最深的例子是：有一天我去某门店巡店，刚到店铺，就听见有顾客在大声骂员工，被骂的员工哭着说："我为你服务，你为什么还要骂我？"这个顾客一看把一个姑娘说哭了，觉得不好意思就走了，而员工还在不停地哭。我先安抚了员工，又向店长了解情况。

原来按照结账规则，顾客都在秤台的左侧排队，这位顾客却从右侧直接把自己的商品放在秤台里，这位负责收银的小姑娘正在帮排队的顾客结账，于是把货拿下来放在边上，准备按照规则，晚点再给右侧的顾客结账。但由于员工未做解释，顾客看见自己的商品被拿下来，便又拿上去，大概反复两三次，顾客误以为员工针对他，就不耐烦地说"你凭什么给他结账不给我结账",并进行辱骂。很显然,如果员工当时能告诉顾客这么做的缘由,后续的冲突就不会发生。

在我们的门店,像这样本来简单的事情,因为沟通方式的问题造成了剧烈冲突的情况有很多。其实我是知道原因的。果多美的一线员工大多是小镇青年,有一套区别于北京等一线城市的沟通方式。沟通方式的差异,在从事服务业后,就直接或间接地导致了矛盾。另外,从员工的视角来看,如果屡次看到"无理取闹"的顾客与同事吵架,内心其实已经滋生了恐惧,产生了"对顾客能少接触就少接触,能不说话就不说话"的想法。同时由于一线员工普遍年纪小,社会经验不足,面对的顾客也大多数是阅历更丰富的都市白领、本地居民,心态上就处于劣势地位。所以出现"不和谐"的情景或发生冲突后,难以理解前因后果,内心也不能自行消解,久而久之,就会产生"有些顾客就是看我们好欺负,故意刁难"的错误观点。这样的思维方式指引下的行动反馈,也会导致顾客产生更大的误会。

后来我跟这位员工讲:"你反过来想想,如果我们主动一点说:'大哥您来了,不好意思,我正在帮这边的顾客结账',或者'大哥,咱们是在这边排队的,麻烦您过来排队结账好吗',是不是情况就会不一样?"而即使这些简单的话,想让它们从这些地方乡县孩子嘴里说出来,其实都不是一件容易的事情。

综上,这两个原因造成了员工与顾客关系的对立与紧张。为此，我们在后来诞生的果多美哲学手册里提出了"以阳光心态与周围相融"和"把'对'让给顾客"等条目，实际上都是基于这两个原因，希望把更好的思维方式传递给员工，希望他们能够更加自信、从容。

行动，需要"心动"

在日常工作中，无论是上述哪种原因造成的员工与顾客对立情绪，其实有一个共同的结果呈现，那就是：顾客对我们的期待与员工对自己的认知完全不匹配！

员工认为，顾客只是来买水果的，只要水果好就行；

而顾客认为，他们除了来买水果，还应该看到热情与微笑；

员工认为，顾客就算有钱，也不该颐指气使；

而顾客认为，说出需求只是消费者的基本权利；

……

在顾客的眼里，我都在你店里花钱了，难道你不应该给我个微笑，对我态度客气点儿？可在员工的眼里，你不就是来买水果的吗？水果都在这儿摆着，买就行了呀，说那么多干吗？

在顾客的眼里，我常常在你店里买水果，我希望未来还来买，所以看到不好的地方告诉你，为了能让你提高，将来我好再来；可在员工的眼里，不就是来买个水果嘛，那么挑剔干吗呀，这不是没事找事吗？

但最难的是，这种认知上的差异和不匹配完全不能用简单的"对"或者"错"来表述，更无法用一般意义上的"好"或"坏"去衡量，它取决于彼此的成长背景、教育程度、性格特点，当然还有迥异的立场。这种认知上的矛盾，对于具有相同知识背景的人来说，达成共识并不困难，只要换个角度就能大致理解，但由于我们员工的成长教育背景，即便换了角度也很难真正理解顾客的需求。

我终于开始意识到，要把这些事情捋明白和讲清楚，让员工真正理解顾客对我们的意义，以及果多美应有的服务理念，仅靠单纯的说教是不可能实现的，想要让他们的行为发生改变，更需要掘地三尺地从思想的根基上使他们有认识，有觉醒，更需要用深刻的思想进行引导和影响。

行动，需要"心动"，而动心、改心肯定是最难的，思来想去，能够完成这个任务的，仿佛只有文化建设这一个方法。

用"真善美"浇灌"为伙伴尽力"的利他之花

昨晚阅读大家对《京瓷哲学》"为伙伴尽力"条目分享时，看到两个非常典型且互为佐证的案例，我很有触动，也激发了一些想法与思考，与大家分享如下：

说实话，看到这个案例，有点诧异，也有些许不安。我想，将这个案例放在"为伙伴尽力"这个条目下的"企业检视"，看来这位管理者是把此事当作一件"为伙伴尽力"的典型事例来思考的。看着这一段密密麻麻的文字描述，非常能够体会他一心"为伙伴尽力"的"侠骨"和"义气"，但同时也真切地知道他对"为伙伴尽力"这句话的理解有了一定的偏差。所以，下面的这些话送给他和与他有相似想法的伙伴们：

"为伙伴尽力"的真正含义是什么？这个问题的答案，读过这个章节的小伙伴们都在书中看到了，在刚才这位管理者分享中的概述里也已经做了梳理。稻盛先生说："为伙伴尽力的行为源于美好的心灵，而这样的行为会进一步美化心灵、净化心灵。为了培养崇高的人格，这样的利他行为非常重要。"显而易见，这段话里有三个关键词，一个是"美好心灵"里的"美好"，一个是"崇高人格"里的"崇高"，还有一个是大家很熟悉的"利他"。也就是说，"为伙伴尽力"的前提是应该做美好而崇高的利他行为，那么，上述这件"为伙伴尽力"的事满足这个条件吗？

先来看看上述"为伙伴尽力"而与顾客吵架的后果：

第一，无论对错，在其他所有顾客的眼中，果多美是一个"员工公然与顾客吵架的企业"。

第二，管理者没有了解顾客骂人的原因，只是看到员工好像受委屈了就直接骂回顾客，给这位员工输入了"顾客就是可以骂"的错误信息。

第三，管理者帮助员工回骂顾客给其他员工营造了"原来顾客可以骂，下次我也可以这样做"的氛围，同时让那些原本非常有服务意识的员工产生困惑：难道我平时做的优秀服务做错了吗？

以上三个结果，第一个不利于企业形象，第二个不利于员工自身成长，第三个不利于门店氛围。所以，看上去是"为伙伴尽力"的"利他行为"，细究起来全部都是"非利他的行为"，即便是看上去被保护的员工，给了他一个错误的引导，不仅不是爱护，反而是一种伤害。因为让他带着这样的心态继续工作，将会与更多的顾客发生冲突，并产生更多的负能量，而他却不清楚正确的做法到底是什么，这不正是稻盛先生说过的另外一个概念"小善即大恶"吗？

更何况,在服务行业,甚至在所有行业,与顾客对骂这个行为本身,想想就与"美好"和"崇高"这样的词完全不沾边儿,对吗?

请伙伴们记住:

1. "为伙伴尽力"有个前提,一定要做正确的事。

2. 要想明白,为伙伴尽力是"真利他"还是"假利他"。

3. "利他"的范围很广,不能只为了某一个他,而放弃其他的"她"和"他"。

第二节

"我的未来我的店"为什么会失败

果多美的员工绝大多数都是小镇青年,从小吃苦,他们不计得失,在果多美勤勤恳恳地工作,陪伴着公司走过最艰难的岁月,他们吃苦耐劳,踏实肯干,在非常辛苦的一线门店默默付出。

果多美员工的愿望也很简单。我跟他们当中的很多人聊过,他们希望过上比过去更好的生活,而且不仅仅是为了自己,更希望通过自己的努力让家人过上更好的生活。工资等物质收入就成了实现愿望最现实的载体。

梦想远在天边,近在眼前

因为洞察了他们的需求,所以我一直在为了帮助他们实现愿望而努力。2017年开始,我觉得机会来了,那个时候公司的发展已经基本步入正轨,果多美的品牌在北京越来越响,老百姓的认可度也越来越高，生意好也就变成了水到渠成的事情。在我们门店门口排长队买水果的现象司空见惯。

公司业务好了，我的脑子里就开始琢磨着怎么来回报这些单纯可爱的员工，怎么能让他们多挣点钱，尽快实现自己的梦想，让家里的人过上好日子。经过一段时间的筹谋，我和我的好伙伴——公司副总李东（大家都亲切地称呼他"东哥"）一起商量出了一个在我们看来非常棒的计划，还给它起了个特别响亮的名字，叫作"我的未来我的店"。

"我的未来我的店"本质上是一个员工内部加盟计划，就是希望我们的店长来加盟我们的门店，并且制定了非常优厚的奖励机制。比如符合加盟条件的店长只要有意愿加盟，仅需出很少的费用就能将这家门店变成自己的。这可不是单纯的嘴上说说，而是直接变更为门店法人，是真正意义上的"自己的店"。同时，门店挣了钱，加盟的店长也可以拿走很大一部分利润。按照我的初步设想，一个优秀的店长，按照之前的努力程度和市场环境，一年挣个几十万完全没问题。

记得当时我在店长大会上说出这个计划的时候，台下几乎所有年轻人的眼里都闪烁着熠熠的光——是呀！有人出资帮你创业，还几乎不用自己承担风险，最关键的是，只要撸起袖子加油干，那个原本远在天边的梦想，真的可以近在眼前！

那天开完会以后，我估计有很多年轻的店长都失眠了，他们为即将到来的战斗而热血沸腾，更为肉眼可见的回报而心绪难平。我和东哥其实也和他们一样，对这个计划以及大家的未来充满了热情和期待！

水能载舟，亦能覆舟

然而事情的发展走向超出了我们的预期，也让这个计划以一种令我们当时百思不得其解的方式走到了终点。

事实上，最开始的情况还是很好的，第一个月就有几位店长的收入达到了2万元，随后又冒出了更多获得丰厚回报的店长。最初的那几个月，店长们简直都疯了，疯狂地、玩儿命地干，毕竟几十万的年薪确实是个赤裸裸的巨大诱惑，在很多人家乡的城市完全可以买一套不错的商品房，父母妻儿的未来也将因此产生里程碑式的改变！

但是，半年过去后，我们开始发现，事情跟我们想象的有些不一样了。因为做生意不是卖苦力、肯吃苦就能招徕顾客；带团队也不是件简单的活儿，自己玩命儿干和让员工跟你一起玩儿命干，根本就不是一回事儿。

想要让一家门店经营好，不仅要有满心的热情和不怕苦的精神，还需要更高的经营水平和团队管理能力。诸如怎么订货最恰当，怎么卖货最妥善，怎么存货最科学，这里面处处蕴含着很深的经营原理。而团队管理就更是如此了，加盟的店长有巨大的利益诱惑在前面指引，所以不舍昼夜、废寝忘食。但基层员工没有，那怎么能让员工像店长一样在工作上投注最大的热忱和旺盛的精力呢？这些问题不解决，门店的热火朝天只可能是昙花一现。

另外，还有一些特别典型的问题：

一是对长期利益和短期利益的认知和理解不足。

水果作为生鲜产品，其经营与自然的四季的关系非常紧密，从春节开始到次年的春天即上半年是旺季，而从夏季开始的下半年则是淡季。这样的性质特征体现在经营结果上就是上半年挣钱多，而下半年挣钱少甚至亏钱。理论上来说，这是一个正常的经营规律，我们只要认识到规律并根据四季规律采取不同的对策就可以进行综合运营。但由于店长们缺乏长期主义的意识，只关注眼前收益，于是季节变化带来的经营业绩差异让他们产生巨大的思想负担。上半年赚钱时心态积极，下半年不赚钱则心态崩盘甚至放弃。

二是面对利益诱惑时的义利取舍发生偏差。

有些人只关注眼前利益，于是开始在各种店铺经营决策上做文章。比如更愿意卖价格高、利润率更大的单品，而不愿意去卖那些价格低，满足老百姓日常需求的大众单品；在为顾客打包水果时，完全不考虑顾客需求量，总是希望装大份大盒，而不愿意卖小份小盒……

尤其到了夏季，果多美的店铺进入经营淡季，为了增加业绩，保证收入,有些店长甚至把明明是 B 级商品当成 A 级商品售卖;打包时把好果子放在上面,坏果子放在下面以次充好;果品已经明显丧失了鲜度,却还在继续售卖……

上述这些案例均明确无误地让我看到,他们其实并不聪明。完全没有意识到,当顾客购买这些不好的果品,并且产生了不良的购物体验后,意味着下一次购买的可能性减少,从而导致顾客长远流失。这些都是没有经历过良好教育的店长很难拥有的意识。

人性是自私自利的。很多店长虽然表面上做了老板,但实际上根本还没有具备当老板的思维,没有一颗为顾客考虑的发心,更没有一个长远而清醒的经营规划。"德不配位"这样的老板只是形似而神非,求财无力也就变得顺理成章。

除了对顾客的欺骗,还有对员工的苛刻。比如在工资福利上店长开始侵占员工利益,或者是无法做到公平公正等。

原本我们设计这个项目的初衷是想让员工通过努力,获得更多的分红,解决他们的收入问题,帮助他们实现梦想。但是没想到的是,一旦个人收入与店铺利润直接相关时,人的心态就会发生动摇和变化,开始更多追求利润。

更让人担心的其实还不只有这些。有些年轻的店长取得一定的成绩后就会认为,"既然我就是这家店的老大,是这里最大的官,那一切都是我说了算,这方天地就是我的",大有指点江山之势。滋生出骄傲、狂妄的心态后甚至开始不是收拾这个员工就是收拾那个员工。刚开始创业的那种自律、付出已经消失殆尽，不仅上班不准时，甚至还有贪污受贿的现象。

看到一店之长这个样子，心性差的员工就会投其所好，心性高的员工不愿意追随这样的领导，主动离职，久而久之，员工队伍日发散漫，最后的结果就会导致整个门店的团队崩溃。

但最可怕的是，店长自己却并不知道问题在哪儿，更无法意识到自己才是整件事情的始作俑者。他不知道，店长只是奋斗者路上的一个台阶，人生路长，更高的山还在远方。最终一叶障目，迷失了方向。

这些事情给我的冲击很大。一个人的德行如果撑不起他的所得，原本的好心也会因此得到相反的后果。直到我学完《京瓷哲学》后，才明白原来这就是"遵循原理原则""以纯洁的心灵描绘愿望""戒除私心才能正确判断"的核心内涵。做事是需要原理原则的，掌握了它们才算掌握了经营管理的真谛；做人则更需要原理原则，做人的道理如果想不明白，得到再多的机会也没有用。

水能载舟，亦能覆舟。虽然对金钱的渴望能够激发一个人的主观能动性，但由于"物质收入"并不是做人做事的原理原则，所以即便给了员工这个机会让他成为老板，一段时间内仿佛看到一些效果，但由于员工没有掌握真正做人的原理原则，这种效果并不长久，一心只为自己的利益反而出现了更多的问题。

"我的未来我的店"这个项目最终以我们并不期望的方式结束

了,准确地说,应该是失败了。虽然看起来这是个令人沮丧的结果,但给我带来的启示却是极有价值的,那就是再优秀的项目也需要合适的人与恰当的机制才能有效运转。所谓"德不配位",我也总算真正明白了这个道理。

以厚德承载万物,用心性托起梦想

说到"做人",当下在部分不良的社会风气下,很多人已经把这个原本非常好的词给扭曲了。一说到会不会做人,首先想到的是会不会溜须拍马,会不会投其所好,会不会跟随老板等。但实际上就像稻盛先生在《京瓷哲学》中频频提及的"作为人,何谓正确?",这是一个非常严肃的话题。

很多年轻人步入社会后,并没有学会正确做人,而是学会狡猾做人。我记得有几年书店里布满了"厚黑学"类的书,教年轻人如何判断领导的喜好,如何获取领导的信任,如何得到领导的赏识,怎么能够"聪明"地干活……这些哗众取宠信息影响了一批年轻人,他们自以为很聪明,却不知道这种小聪明在人生和事业之路上走不长久。

作为一个企业的负责人,我认为做人正确的标准,是勤奋刻苦,不断反省、不断自律,这样做人,才是我们选拔干部的标准。而不是投其所好,天天到领导面前说好话,溜须拍马。说实话,那些溜须拍马的行为，多数会被管理者一眼看穿。顾客同样可以感知，看出我们是真心还是假意。我一直相信人与人的交流是有气场的，真情假意，双方都能感知得到。

除了"厚黑学"类的论调对年轻人的影响，还有一些不好的社会现象在玷污这些孩子。比如近年来盛行且毒害很多年轻人的网络贷款。年轻人普遍缺乏自律性，如果向他们提供网络贷款，能够让他们提前消费，很多人抵制不了这种诱惑，据说更有甚者为了买个手机就去割肾，还有网络赌博游戏也是个巨大的黑洞，为了游戏买装备，甚至赌博，都是社会上司空见惯的现象。

在果多美也有这样的案例。一些优秀的年轻人本来已经做到店长，继续努力就会有很好的前程，但因被这些社会不良事物坑害，一下子就让整个家庭跌入万劫不复的深渊。有好几个员工都因此欠上了巨额债务，甚至去贪污或盗窃公司的营业款。这些年轻人原本可以拥有美好的未来，却被这些社会毒瘤所侵害，人生轨迹也由此发生了巨大的变化。作为一个企业带头人，我开始感觉到解决这些问题，将这些问题进行前置教育，是我的责任。

"我的未来我的店"项目的失败，也让我生起了对心性的思考，而上述社会问题对年轻人的侵蚀，又让我对这个问题产生了更高维度的探索。在这个过程中，我慢慢意识到，光靠钱来引导年轻人、提升其奋斗的激情是远远不够的，想要真的帮助他们，让他们实现自己的理想，还需要把他们的格局提升上去，品性提升上去。一来是为了企业，更重要的是为了他们度过美好的人生。

而如何提升的方法,没有别的办法,还是要靠思想教育和文化渗透,有了前面顾客带给我的关于文化建设的必要性的冲击,加上对员工现状的思考,我越发感觉到,果多美的文化建设迫在眉睫。

第三节

一道让人痛苦的选择题：培育，还是放弃？

必须去面对和接受的底色

果多美是一家卖水果的企业。从传统观念上看，卖苹果这一水果，远不如卖苹果手机，因为那个"苹果"更高贵。其实大多数人看来，无论卖什么，从事零售服务业的工作都是比较"卑微"的。尽管如此，资源较为丰富的大城市，总能吸引来自全国各地的年轻人，因为这些基础岗位是比较容易的"入门岗""落脚岗"。

每年，一大批年轻人来到北京，怀着梦想远离家乡、亲人。有人成为令人羡慕的白领，但是教育背景差的孩子就没这么幸运，他们面临的第一个问题就是住宿问题，众所周知，在北京租房子很贵，而且要押一付三，很多来到果多美的年轻人，就是看中了我们"免费提供食宿"，这对开始时没有任何收入的他们来说，是可以让自己落脚的最佳选择。

在这样的"选择"下，果多美的员工普遍是没有高学历的。有一次公司在盘点员工学历时竟然发现超过 50% 的人都是初中毕业，说实话这个结果让我极度震惊。在我的认知中，现在初中毕业学历的人应该很少了，国家提供九年制义务教育，父母在外面打点工，供孩子上个大学应该是很容易的事，再不济还可以读专科。但没想到就是有这么多初中毕业生来到了果多美。

当然我们也尝试招聘过一些城市出身的大学生，但实际工作后发现，大多数从小没有劳作过的孩子，别说把水果卖掉，就连每天从货车上卸水果的体力活，也坚持不了几天。认真和这些员工交谈、分析过后，我总结出两点造成他们低学历的主要原因。

第一，往往出现这样情况的员工，他们的父母对孩子的教育不够重视，没有引导孩子好好学习。虽然我是70后，回想我儿时，我的父母就认准一条，"不管怎样必须读书"，所以全力以赴地支持我读书，最终让我走出农村。但是很多家长并没有这样的意识。

第二，很多员工小时候是留守儿童，让这些孩子错过了良好的教育。真正走上社会的时候，他们才发现是否受过良好的教育，对思维方式，乃至做人做事的影响都是非常大的。

因此，当他们步入现实社会时，很多人都非常迷茫和困惑，有很大的心理压力；每一个人都希望成就自己，哪怕是最朴素的愿望，比如说让父母过上好日子，让自己的老婆和孩子过上好日子。这些愿望驱动着他们去努力拼搏和奋斗，但在这样的大都市里，到底有多少机会能被他们抓住？

所以，我由衷地意识到自己有一个非常大的责任，要竭尽所能，帮这些把青春与汗水挥洒在果多美的孩子实现梦想。

放弃还是培育，是情与理的考量

尽管我们想带好这些孩子，让他们能够实现梦想，但也的确存在着越来越突出的员工能力水平现状与企业发展要求之间的矛盾。

随着企业的发展和进步，对优秀人才的需求越来越高。比如过去我们可能只是简单地把货订回来，放在货架上卖掉。但随着业务越来越复杂，门店有了电脑信息系统，需要通过系统来处理订单和很多数据问题，想要用好这些数据系统，就需要有一定的基础电脑知识。同时随着互联网的发展，线上销售和售后服务也成了门店的重要工作；随着产品结构的日益复杂化，我们不仅售卖水果，部分门店还售卖干果、牛奶饮品、蔬菜、猪肉、主食等品项，店铺岗位也越来越多，店铺运营的复杂性要远超过去。所以如果都是初中毕业生，受教育程度低，技能掌握不全面，提升速度较慢，实际上很难承载企业未来的发展。

具体来说，不适应企业发展的老员工的问题主要来自以下方面：

一是思想固化，不爱学习，不适应新时代的变化。

老员工们大都是跟随企业发展的有功之臣，也曾经为果多美的发展做出很大贡献，当然也沉淀过很多成功的经验。但他们没有认识到，所有的经验都是基于当时的时代背景，过去的成功并不意味着未来也会成功。相反，由于时代的发展，无论是社会还是行业都对企业提出了更多更高的要求，躺在过去的功劳簿上睡觉显然已经是严重的倒退行为。但由于这些老员工的认知所限，加上本身的学习能力不足，导致思想固化，越来越不爱学习，进步也就无从谈起。

二是思想复杂，瞻前顾后，抱怨远远多于反思。

由于思维的固化和不爱学习的特点，他们往往在面临新的变化和挑战时消极应对，本能地排斥和抱怨，而不是对自身问题进行反思。举个最简单的例子，就在O2O经营在全社会已经如火如荼地发展时，我们的线下门店依然非常排斥O2O业务，导致线上业务在线下履约时总会遇到各种各样的阻碍。这种现象也发生在公司团购业务、电子卡券等业务上。这在一定程度上拖慢了企业线上线下一体化经营的脚步。

三是年纪增长，体力受限，身体与思想的拼劲都减少。

随着时间的流逝，这些老员工从二十来岁的孑然一身到三十、四十多岁的成家立业，确实从体力和精力上都较过去有了显著的落差。前文说过果多美门店的工作对体力要求高，对脑力的需求更是日益增长，然而员工年纪增长后，体力减弱，再加上家庭生活对精力的分散，综合下来对工作的热情与拼劲都少了，那么工作成果自然而然也就受到了影响。

所以，这些明显无法承载企业发展，但又为企业立下汗马功劳的老员工们，我到底应该培育，还是放弃？

看过很多成功企业的发展案例，绝大多数企业在面对这样情理两难的局面时选择了放弃。这个结论是我亲自经历过才能真正理解的。企业在发展，如果个人的能力不能匹配企业的发展，那自然满足不了不断提高的顾客需求，顾客需求满足不了，经营成果自然不好。长此以往，不但员工个人的希望会落空，连企业也会被拖垮。所以，绝大多数企业的当家人在经过痛苦的考量后会选择不断引进能够支持公司未来发展的人才到企业中来，进行常态化组织更迭。比如我们大家耳熟能详一大批互联网、科技巨头公司都是这样做的，我非常理解掌舵人当时的决定。

但我始终无法下这样的决心，做出放弃他们的决定。放弃他们，让他们去哪儿？还有多少企业能够给他们更好的职位和生活？如果不能找到安身立命之所，这样的年纪，他们会不会犯错，走上另一条人生道路？每每想到这些，我都心头发涩，不敢继续往下再想。

更何况，他们中的很多人追随着果多美，陪伴着果多美走过了一条那么艰难的路，他们在公司发展的前期就跟着我们，一起披荆斩棘、一起同甘共苦，好不容易把公司发展成今天这个样子，正要热情满满，摩拳擦掌想要获得更大的进步时，如果发现公司要放弃他们，那该是多么巨大的打击？

但问题是，企业也要发展，如果因为人才不能匹配而让企业陷入困顿，我不是也一样愧对另外一批优秀而无辜的人吗？情感与理智之间，我到底该怎么选？

第四节

答案来自心底：把果多美办成一所大学

对上面那个问题的思考让我很长一段时间食不下咽，寝食难安。尤其是在外部环境的不断冲击下，我们的业绩也在受到影响时，这种矛盾就显得尤为剧烈。但是，慢慢地，这个答案开始浮上心头，且日益清晰。

学会做人和做事，才是幸福的源泉

前面说过，果多美的员工中有近一半是初中毕业生，但是不得不说他们也是渴望改变命运的。但如何改变命运，如何获得成功，这个问题对初中毕业生来说确实是个难题。一方面他们迷茫困惑，不知道应该怎么做，一方面又觉得自己那么普通，不知道如何在大城市扎根，就认命吧……人的价值观随着环境、自我的选择不断变化，有些人可能会因为高出50元的工资随意换一份新工作，有些人甚至会自暴自弃走上邪道。

身边的两个故事让我非常感慨。

第一个故事来自我的家庭。我的小姑初中毕业以后走上工作岗位，她很有上进心，总渴望改变些什么，但是苦于跟这个社会不相容，不被别人接纳，所以变得很抑郁，最后有些精神分裂。由于精神疾病即便在农村也非常不受待见，最终在应该成家时只能选择了一个非常贫困、素质也不高的农民结了婚。婚后有了个儿子，但由于原生家庭教育的缺失和不足，儿子并不争气。

这个孩子在我的帮助下念到大专，毕业后他希望改变自己的人生，但又找不到改变之路。最后在求学路上误入歧途，爱上网络游戏，最终沉迷于网贷无法自拔。

当我们知道这件事的时候，他借的网贷已经高达几十万，这样一笔巨额债务对于一个贫困家庭来说，简直就是五雷轰顶，所以小姑为了帮儿子还债，选择到工资高一点但离家很远的另一个镇上去打工，结果有一天清晨上班路上，她和我姑父遭遇了车祸，最后姑姑伤重不治，与世长辞。

说实话，小姑是爷爷临终前对我的嘱托，希望我能多多关照她，我其实也经常在经济上给她一些帮助，但这件事让我深刻地认识到，单纯在经济上帮助他们远远不够，最终还是要帮他们的儿子成人才行。但是很显然，我在这方面做的工作远远不足，最重要的是并没有告诉他到底应该如何做人，如何做事，最后这个孩子走上歧途，我的心里其实非常难过。

第二个故事发生在我们的门店。有位店长曾经跟着我们从北京到上海,又从上海回到北京,他经营的店铺一直业绩非常好,我也一直认为他很优秀。但有一天,我们竟然发现他侵占了营业款。追问情况后,才得知这位店长大概在两年前迷上网络赌博,和朋友一起做了网贷,欠了几十万,虽然这两三年不停地在还,但还是还不上,在这些小贷公司不断地电话恐吓威胁下,这个店长心态崩溃,最终挪用了店铺的营业款。

听说这件事后,我非常震惊,因为我们一直非常看好他,觉得他一定能成为一个优秀的店长,甚至成为优秀的干部。后来我们跟他母亲取得联系告知情况后,他的母亲也非常震惊。出于对孩子的爱,母亲表示愿意承担这个赔偿责任,后来母子俩留在北京打工,听说最终在几年后还上了这笔款。

说老实话,这个孩子挺可惜的,因为犯了错误,所以他在果多美的职业生涯就此结束,如果没有这件事,他一定会很快拥有非常美好的未来。

无论是我姑姑的孩子,还是这位原本非常优秀的店长,都让我产生深深的触动,我发自肺腑地认为,一个人不是有了钱就有了一切,只有学会做人和做事,按照做人的原则、做事的原则才能获得真正的成长。因此我们真的需要一套思想体系,去教会这些孩子如何面对成长问题、发展问题,以及如何去改变命运、获得成功。

做人做事的能力不仅对人生的发展起到了关键性作用,身为店长的做人做事的水平也决定了门店的经营状况。

记得果多美规模达到 40 家店铺的时候，公司进入最佳状态，数量刚好，我们也能执掌得过来，店铺整体的运营获利情况非常好，但是 40 家店铺之后，我们的公司管理就产生了问题，主要因为连锁门店统一性和门店个性化经营之间的矛盾难以调和。如果公司管理得紧，员工听话照做，优秀的人才不会涌现，如果管理得松，则更多依赖于店长的能力发挥，公司店铺的整体经营水准就会偏低，这里的"紧"与"松"是指企业标准化、规范化的程度。因此，连锁管理要在统一性与个性之间找到平衡，强大的总部与强大的门店之间要协调平衡，其间店长的作用是不可或缺的。

连锁门店的店长，既要掌握经营门店的技能，也要把握经营门店的原理原则，更重要的是坚守经营门店的心态。所以当时我提出一个观点，就是"我心即门店，门店即我心"，就是说一个店长的心态决定了门店的运营状态以及经营业绩。事实上，如果我的心是坚定的，哪怕业绩再不好，店铺状况也是有序的，业绩也会慢慢增长；反之如果店长心散了，店铺状态就会变得糟糕，有好业绩也会很快丢掉。技能可以培训，能力可以培养，但是心态需要的是教育，往往我们会很局限地理解，店长的问题最直接、最关键的是培训缺失的问题。

另外一个问题来自内部贪腐。改革开放 40 多年，经济快速发展，很多人在物欲横流中自我迷失，觉得"马无夜草不肥、人无外财不富"，希望通过意外之财让自己变得富有。根本没有认识到财富的背后是人品，反而滋生了很多贪欲，最终带给自己一生的遗憾。

所以我们会发现一个现象，越是想着自己赚钱、自私自利的人，从长远的视角看，越是得不到。而越是一心考虑他人、不自私自利的人，反过来总是有好运相伴。想着顾客，就会得到更多顾客的惠顾，想着员工伙伴，就会得到更多同人的协助，这是事实。

想明白这些问题后，我开始意识到，只是帮助员工挣钱，并不是真的帮助他们，只有帮助他们掌握做人做事的原则和心态，才是送给他们最有价值的礼物。

那么，怎么才能让员工学会这些道理？这些看似简单实则非常深邃的道理，作为一名企业负责人，我应该怎样才能让员工明白？

"以事炼心，以文化人"的果多美大学

大学教育除了学习知识本身，更重要的是在培养学生驾驭知识的能力，所以大多数年轻人的思维方式是在大学时期形成的。他们通过参加各种各样的活动、讲座、实验以及社会实践去学习知识和验证能力，最终实现思维方式的提升和能力的跃迁。

从这个角度上讲，企业其实也是一所大学，是一所有着更加具体实践场所的大学。在这所大学里，员工可以通过"以事炼心"和"以文化人"两个方面来提升自己，最终实现思维方式的迭代、心性的成长。

第一个是以事炼心，即以工作为抓手，来修炼我们的心性。企

业经营的本质就是为了提升业绩，但业绩的本质是顾客对我们的支持，而利润则是顾客对我们的感谢。如果你事情做得好，得到了顾客的认可，顾客就会用他手中的钞票来进行投票，通过购买产品或服务来表达对你的支持。利润的逻辑指的是，或许同行业的大家都有类似的产品和服务，但是只有你真正帮助顾客解决问题，顾客愿意为此付出更多的成本来感谢你。因此，"以事炼心"就是只要我们把心完全放在帮助顾客解决问题、满足其需求上，工作的目的就能得以实现。

人性是利己的，"自私自利"也是束缚人成长的关键，商人逐利更是如此，因此人生与商业的本质反而是利他，利益顾客就得到更多的业绩，利益公司就会得到更多的发展，利益团队就会得到更多人的支持，只有利益他人才能体现自己的价值，反之自私自利会让自己与他人、团体、社会隔绝。以事炼心，就是通过在工作中去体会"利他之心"的妙用，从利己到利他，是人心性提升的质的转变。利他心越纯粹，事业的价值与意义越大，工作的过程就是不断提炼、提纯这颗"利他心"。

当然，除了利他之心，工作还会锻炼我们踏实之心、专注之心。果多美提出"我心即门店，门店即我心"，当努力追求卓越，店铺就会越来越好；一旦你的心开始乱、开始迷失了，那么店铺和团队也一定会随之混乱、迷茫。所以我总是跟店长讲，一定要将自己的这颗心锻炼得更坚强、更努力、更勤奋、更刻苦，自己的店铺才会好。

年轻人成长的关键，就是要借由工作锻炼利益顾客、利益伙伴的"利他之心"以及踏实、专注的努力之心。本着这个目的去工作，才能抓住工作的核心，才能开启美好人生。利他之心就是做人的向善之心，努力之心就是做事的向上之心，"向善向上"就是后来的果多美哲学手册中的两个核心。

第二个是以文化人。文化氛围的影响力是非常大的，团体一旦形成某种文化，成员在行为上、思想上、价值观上就开始相互促进、趋同，尤其对新成员有强大的影响力。因此文化是根，好的文化可以推动事业发展，不好的文化才是团队失败的根源。一所大学的优秀最根本的还是其校纪、校风的纯正，企业文化力也是一家企业最核心的竞争力。

文化同时具有强大的遮蔽性，一旦形成自己的文化，对其他文化的接受程度就会降低。事实上每一种文化都有它的可取之处。所以说当我们认识到这一点后，我们就一定要找到适合果多美的文化。果多美的文化一定要适合果多美，同时还要保证文化的开放性，允许更多的文化融入、碰撞，让我们的文化不断地迭代升级。

当然，果多美的文化不应该只是文化本身，还应该把文化和制度结合起来，并通过教育激发起员工的觉醒和觉悟。教育是度他，最核心的还是要员工能够自我成长和进步，所以我们一直在思考如何搭建一个员工自觉成长的平台。因为文化绝对不能只流于纸面或挂在墙上，更重要的是它要落实到制度。你的言行符合文化，那在制度考核中你就获得成功，如果你不符合文化，考核也会失利。人往往失利时，才能产生深刻的触动，会重新开始思考如何遵循文化。只有这样我们才能真正起到"以文化人"的作用。所以"化人"就是要让他能够通过自身的力量，遵于文化，融于文化。

综上，无论是"以事炼心"还是"以文化人"，其实都与员工自身的现状和成长进步息息相关。通过具体的工作修炼内心，通过文化的力量修正行为，解决的其实就是员工日常工作和自身成长的具体问题，而在解决问题的过程中员工就得到了不知不觉的进步与提升。

从这个角度讲，企业就是一所大学，果多美就是一所不折不扣的人生大学。

只要用心教，就能学得会

果多美员工的痛苦和迷茫也让我常常回想起自己的经历。

1998年大学毕业以后，我到广东汕头去打工，可能由于自己读了点书就骄傲狂妄，常常指点江山，激扬文字，傲慢之情溢于言表。但傲慢肯定会让自己与周围环境格格不入，所以我在工作中处处碰壁，不被同事、上级认可，很长时间内职业生涯得不到发展进步。最关键的问题是自己根本不知道问题出在自己身上，反而觉得社会不公平：为什么没人理解我？为什么我没有机会？有一次我站在汕头的礐石大桥上，恨不得一下子从桥上跳下去。当时的想法就是，人活着太不容易，太累太痛苦，干脆就此了结算了。

因为有着这样的经历,所以当我看到很多年轻人和曾经的自己遇到同样的困惑、苦恼时,我心如刀割,一方面是对企业的担忧,团队不行、组织不行,企业一定办不大、办不好;另一方面也是出于良知,这些孩子太苦了,他们不知道正确的路是什么,还在走弯路。

记得果多美公司成立10周年的时候,我们邀请了很多优秀员工家属来参加周年庆典,当时看到员工的家人时我感觉很心酸,很希望他们过上好日子。但是我个人的意愿不能解决本质问题,想要改变命运,还是得他们自己进步,通过勤奋、努力获得自己事业的成长和进步,物质才会随之而来。

怎么才能让他们勤奋、努力、正确做人?只能是教育。还记得我前面讲过的那位被顾客骂哭的员工吗?当时我跟她说了很多,我告诉她:你如果这样做会如何,那样做又会如何,顾客不是真的找你麻烦,只要你换个心态,换个方法就能有很大的不同。说完具体的工作,我还告诉她,我们要以阳光的积极心态去面对社会,这样我们才会被社会所接受,也才有可能成长和进步。小姑娘听了以后很激动,说这是她第一次从这个角度想问题,以前总觉得是顾客挑毛病,找麻烦,心里很排斥,被我这么一说才觉得原来事物都有两面性,顾客不是专门挑毛病的,是自己以前想得太狭隘了,这样一想,瞬间觉得人生光明了很多。

几个月以后,我在店长训练营里面见到了她,让我惊奇的是,她竟然真的把我的话听进去了，而且做了巨大的改变，整个人变得非常阳光积极，很快就作为店长储备人才来培养，这让我无比欣慰。

这件很小的事情让我发现，其实员工是可以改变的，只要我们有一颗帮助他的心，他能够感受到你的真心，并且拥有向上的愿力，很多想法可以改变，行为也可以改变，这大概就是教育的力量吧。

也是从那个时候开始，我立志要把果多美办成一所大学。因为在我心里，真正的大学应该只教会人两件事，一是做人，一是做事。我想让大家在果多美这所大学里学会如何做人和做事，这才是果多美的年轻人应该上的大学。如果曾经的他们没有机会去真正的大学求学，那就到我们果多美来上大学。

前几天看公司财务总监的数据分析才发现，这两年我们投入在员工教育方面的成本足够让果多美再开15家新店。财务总监跟我说，他看到这个数据的时候很感慨，因为就培育员工而言，这是他见过最让人震撼的数字，这也是他再苦再累也愿意投注最大的热情和心血来跟随企业一起前行的原因。

Chapter 2
第二章 回顾

不知不觉中的文化初探

本章导读
向善向上是果多美的文化基因

在经过对果多美的服务理念和员工能力的梳理以后，立即开启企业文化建设的念头在我脑海里生根发芽不断长大，而我也仔细回顾了果多美发展至今的企业发展之路，这一回顾便有了惊人的发现。其实关于企业文化建设，我们并非一片空白，只是当时我们并不知道曾经做的那些竟然就是文化，而其中有很多原理原则被总结概括了出来，就是果多美的哲学。当然，更加让人欣喜的是，正是由于有了这些不知不觉间做的一切，才真正成就了果多美的当下，更会成就我们的未来。

"三个无忧"（安全无忧、品质无忧、价格无忧）是果多美在2009年创业后首次提出的文化理念。当时由于超市业态的蓬勃发展，很多消费者都在超市购买水果，但由于超市产品可以随意挑选的特点，导致超市售卖的水果损耗很大，这些损耗成本转嫁到消费者身上，也造成不同时间段购买水果品质大相径庭的后果。

在此背景下，果多美提出"安全无忧、品质无忧、价格无忧"的三个无忧策略，通过基地直采、日日清仓等方法优化供应链，又通过貌似很不人性化的"不让挑不让选"等机制保障了果多美门店水果的鲜度、价格和公平性。

随着时代的发展，老百姓的消费能力增强，也出现了一批对水果品质有更高要求的消费者，于是，我们又从价格和品质这两个角度着手，提出"价格性价比"和"品质性价比"这两种性价比商品来承载不同顾客的不同需求。

其实，回头来看，无论是三个无忧、两个性价比，还是虽仍需优化但的确在当时为果多美性价比保驾护航的"不让挑不让选"的机制与文化，它们的底层逻辑就是"解决社会痛点"和"解决顾客问题"。

当我们发心至善，想要去解决大家问题的时候，这些可爱的顾客就会给我们更多意想不到的支持，并且，让我们一路走到今天。

在北京生活的人可能会发现一个很有意思的现象，多年来模仿果多美的水果零售店不胜枚举，我们叫果多美，他们叫果又美、果好美，门头、装修几乎跟我们一模一样。但大部分店铺已经倒闭。我们之所以没有倒闭，就是因为我们内心世界里面一直都想着去解决社会问题，去解决消费者的问题。所以，我们还在不断地成长和进步。

在这场自我反思的过程中，我有两个意外的发现：第一个发现是，"向善"和"向上"，从一开始就是果多美的文化基因；第二个发现是，原来找到本企业曾经的优秀文化，正是编制企业哲学的开始。

第一节

"三个无忧"和"两个性价比",成就果多美的今天

"三个无忧"和"两个性价比"是我和果多美中高层管理者开会时常常提到的词。由于我们经常提及,很多员工也都对这两个词如数家珍。只是过去的我们都以为,这两个词说的是果多美的经营策略和营销方针,都是为提升门店业绩服务的。直到我在发现果多美外部(顾客)和内部(员工)的问题后进行文化反思时,才突然发现,这两个由我本人提出的理念背后竟然蕴含着极为深刻的道理,而其中折射出的文化恰恰才是果多美这家简单的水果店能够一路高歌猛进、成为如今在业内颇有口碑的连锁水果企业的本质原因。

三个无忧,让中国人吃水果不再有顾虑

2009年9月,金秋飘香的时节,在北京市朝阳区一个叫作"晨光"的小区里,连续多日熙熙攘攘的人流增加不少,一探究竟就会发现,是因为刚刚开业了一家叫作"果多美"的水果专卖店。

水果专卖店在当时可以算是个稀罕物儿，尽管21世纪新纪元了，老百姓的生活水平有了很大的改善，但想要买水果，只能去超市或路边摊。于是当人们看到一个将琳琅满目的水果集中在一起、专门从事水果经营的店铺时，还真是有种眼前一亮的感觉。

除了选择更多外，这家水果店的价格也很亲民，人们常可以用低于超市的价格，购买到好吃又多样的水果，这让老百姓们对果多美的好感倍增。于是几年间，果多美的门店数量就达到了几十家，更是引来了几百、几千家的模仿者。

很多人认为，果多美在创业之初，主要是依靠丰富品类和低廉价格等专业化运营方式取得了消费者的认可，但其实并不尽然。因为单凭这两点，如果超市想做也可以做得很好——果多美真正有别于超市的核心竞争力还另有法宝，那就是：顾客随时随地购买好水果的安全感。

常常去超市买水果的人都知道，在超市买到满意的水果需要碰运气。这是由水果本身的特性和超市的经营方式决定的。众所周知，水果是非标准类产品，不同于工业化标准化产品。即便你在一大片苹果中认真挑选，也不可能找到两个一模一样的苹果。讲得再专业一点，一棵树上的外膛果（长在树叶表面）和内膛果（长在树叶里面），阳面果（朝着太阳的一面）和阴面果（背着太阳的一面），由于接受阳光、水分、风力、营养的不一样，颜色、果形、内在的品质都不一样。因此大部分水果采摘下来后，区别还是很大的。

但问题就出在这里。基于超市的自助购买模式，顾客购买水果是可以随便挑选的，而这种挑选造成了两个非常严重的后果。

一是在顾客自行挑选水果的过程中，由于水果本身的娇嫩特征和顾客随意揉捏的挑选方式，很容易造成残果和伤果，这在很大程度上影响了水果的整体品质，同时也造成了更多的水果损耗。当然这些损耗通常还是会加在零售价里，由消费者买单。

二是对于不同时间段来购物的顾客来说，其实存在着明显的不公平性。同样的价钱，早来的顾客就可以尽情挑选到同一批果子中又大又好的那部分，但晚来的顾客就只能从已被挑选过的果子中再去挑选，这样一来，无论是从客观的公平性和主观的购物体验来说，这部分顾客显然吃了亏。

看到这一现象，果多美在当时提出了"三个无忧"的心愿，那就是"20年做成一件事，让中国人吃水果不再有顾虑，安全无忧、品质无忧、价格无忧"。这"三个无忧"的理念提出，说白了就是想要满足顾客购买水果时的安全感。我们希望所有来果多美消费的顾客，无论什么时候来，都能买到品质又好、价格又低的水果，既不用担心因为挑选损耗带来的水果品质降低和购买成本增加，也不用担心在不同时间段会买到不同品质的水果。

当然，想要真正实现"三个无忧"，绝不只是说说而已。我们重新优化供应链，构建了新的采购模式，使用基地直采的方式从源头上把握了价格的主动权和产品的品质。同时，我们采用了"日日清仓"的管理方式让产品的储存和流动更加合理,以保证了水果的鲜度。

除此以外,我们还创造了一套"不让挑不让选"的销售模式以实现顾客购买水果的公平性。这可以最大程度上减少由于顾客自行挑选带来的果品损耗和购买公平性的问题。

正如前文所述,"不让挑不让选"的销售模式与顾客普遍购买习惯存在一定差异,当时给顾客造成了一定的误会,也对我们果多美的整体服务意识带来了一定影响,我也会在后续章节对此进行更加全面的阐述。但是不得不说,正是因为我们坚持了"三个无忧"的信念,从价格、品质和公平性上不断精进,最终做到了保证品质基础上的薄利多销,既让消费者享受到了实惠与品质,同时也成就了果多美。

从2009年到2016年的7年间,我们先后开了39家门店,销售规模很快就突破了5个亿。一个个百十来平方米的水果店,平均每家店的年收入达到了1500万,可以说,"三个无忧"的逻辑为果多美的创业成功奠定了坚实的基础。

原本我们是把"三个无忧"这个理念,作为公司20年的奋斗目标的,但后来随着中国经济和零售业的快速发展,部分顾客对水果的需求开始从关注价格,逐渐升级到关注品种品质、风味口感、营养安全。曾经的顾客顾虑已经不再是所有人的共同顾虑,所以这个使命其实早已达成,当然这不是由果多美一个企业实现的,而是在国家经济发展和同行进步推动下形成的共同努力成果，能够实现这样的成果我们与有荣焉。

但在当时的时代背景下，果多美率先提出了"三个无忧"的使命，其实具备了一定的文化思考。一个企业在创业之初必须有一个发心，才有可能会激发智慧。对"三个无忧"的思考，是果多美创业成功的起点，回头看看其实这就是企业文化。

当下，大家把企业文化归纳为使命、愿景、价值观，按照这个说法，"让中国人吃水果不再有顾虑"，"品质无忧、安全无忧、价格无忧"就是使命。这就是果多美企业文化的源头和初衷，也是保障果多美创业成功的根本要素。

后来，随着时代的发展，我们又懵懵懂懂地感知到顾客对水果需求的变化，在商品开发及店铺营运、营销方针上，逐步形成并提出了"两个性价比"的概念，即品质性价比和价格性价比。

两个性价比，不小心摸到了顾客的脉

在果多美的店铺里，有一排靠近橱窗的地堆商品，大部分顾客走进店铺会很容易看到这部分商品，因为它们通常陈列面积很大，给顾客带来一种很强烈的视觉冲击，同时，这些商品一般也都比较大众化，是老百姓们经常购买的水果。当然，更加重要的是，它们的价格会非常诱人。很多顾客在看到价签上的价格后会揉揉眼睛、再次确认自己是否看错——这部分商品在我们店里被称为"价格性价比"商品,即"相同果品质量下,价格更低"。

还有一些商品陈列在货架的前端头案台,它们的陈列面积不会很大,但通常顾客能一眼就看到,进而通过果品本身的外观、品种以及员工的介绍,感受到此类商品的独特性以及品质性。往往品质、品种抑或规格更高端的商品,我们称之为"品质性价比"商品,即"不高于行业定价下,质量更高"。

之所以制定这样的分类标准,是因为考虑到顾客需求的日益精细化,且不同顾客需求变化程度不一。

由于从商品开发角度"两个性价比"基本囊括了不同顾客群体的不同需求,相对应的店铺布局也会匹配调整。首先我们会把"价格性价比"商品作为先导商品,设计成地堆形式售卖,增加量感、氛围感,以强化地堆商品的价格优势;同时我们把"品质性价比"商品作为端头商品,用更场景化的陈列方式、精细化的包装形式展示品质优势,从而吸引和满足不同顾客的不同需求。

这样的定位和布局让顾客在果多美的消费过程与在超市的消费过程形成了鲜明对比,也逐渐成就了果多美的独特性和专业性。

直到今天,当我再次回想起曾经走过的果多美事业发展之路,突然就想通了这两个文化理念给我们带来的巨大影响。因为无论是"三个无忧"还是"两个性价比",都秉承了一个共同的底层逻辑,那就是"顾客思维"和"痛点意识"。

当时代发展到一定阶段，超市售卖水果的鲜度、价格和公平性存在巨大问题时，我们的"三个无忧"最大限度地免除了老百姓的购物顾虑，让他们建立了对果多美的基本信任；而随着部分顾客对水果认知及生活水平的要求升级，我们对应进行商品细分升级，同时始终牢牢把握"性价比"思路满足不同顾客的需求，又恰恰是在当时的社会环境下把住了顾客的脉。

所以，其实一切并非偶然，与其说"三个无忧"和"两个性价比"让我们在不同的历史阶段一次又一次抓住机会，不如说是我们朴素而真实的"以顾客为中心，解决社会痛点问题"的思想帮我们走到了今天。

仍在与时俱进的当下

2018年和2019年，由于北京市开始清理违章建筑、疏解非首都功能等原因，果多美面临较为突出的困难。一方面顾客少了；另一方面用工也紧张了，果多美的来客数连续5年锐减，员工工资成本却出现了较大幅度的增长。

薄利多销的企业生存模型面临创业以来最大的危机。涨价，顾客不认可；不涨价，企业生存不下去。合理的利润才是根本，但这个合理必须是顾客认为的合理。

"两个性价比"迎合了顾客需求升级的需要，不仅让我们留住了顾客，更有了一定的利润空间。我们也一直坚持合理的利润，并在关键时刻懂得让利给顾客，这是与社会共赢。

"两个性价比"在于两手都要抓，如果一味地让利来让顾客获得实惠，那对整个产业未必是好事。所以果多美开始引入越南红肉波罗蜜、海南蜜瓜等高端水果，满足不同消费需求的同时，也给同行带来了水果经营品项上的升级迭代。在大家的努力下，现在阳光玫瑰、红颜草莓、贵妃杧等高品质水果已遍布京城。

只有顾客愿意购买品质水果，才有人愿意增加投入去种植。果贱伤农，水果农业种植进步了，广大农村地区就更有机会脱贫致富，美丽乡村就多一分希望。

为了追求种植成本的低廉，利用激素、农药来提升产量是过去农业的顽疾，也是对生命健康的威胁。农药与激素的运用，违背了水果自然生长的规律，味道自然就特别难吃。好吃的高品质水果，往往就是尊重自然规律，并优化阳光、温度、水土等自然条件所得来的。事实上，好吃的水果才是安全的。

两个性价比与 ABC 水果的定级内涵

一、两个性价比的定位

1. 顾客的消费力确实有高低之分。低消费的人群一般会说："我首先更加看重价格便宜，也可以接受品质差一点的，但是绝对不能难吃，如果价格便宜还好吃就牛了"，因此我们把这样的需求称之为"价格性价比"需求；中高消费人群一般会说："我要品质好，但是价格不能太贵"，我们称之为"品质性价比"的需求，都是首先从顾客消费能力出发。这是对它们的关键界定。

2. 判断是价格性价比还是品质性价比，要判断是低端消费还是高端消费，再考虑怎么获得性价比，所以价格性价比一定是在价格上领先，品质性价比要么在品质上，要么在价格上领先。顾客只会为可感价值（可比价值）买单。

3. 价格性价比承担流量的角色，所以叫流量单品，它的核心在满足以中老年银发族为主的消费群体。通过银发族的口碑来吸引中高端消费者。

4. 品质性价比承担业绩角色，所以叫业绩单品，它的核心在引领消费升级，启发消费，请一定记住哪怕是中老年人也有中高消费的需求。

5. 果多美"爱上的是价格，传递的是品质"的经营哲学，就是让消费者首先感受我们的价格性价比，从而引导他在品质性价比上的高度认可。

6. 真正的性价比就是基于低消费能力的"价格性价比"和中高消费能力的"品质性价比",这才是消费者真实的需求。

二、产品ABC定级的界定

1. 在每一种果品的类别里边,大概都可以被分为低品质、中品质、高品质。因此我们把它们分别定级为"C级-真实惠""B级-好吃不贵""A级-很好吃",还有一类产品是果多美特有的、稀缺的、口感极致的,我们把它定级为"特级-特别好吃"。比如苹果类,地堆的红富士口感一般被定级为B级;正常货架的山东富士口感稍好被定级为A级;雪苹果口感很棒而且是果多美特有,被定为特级。

2. 很多水果表面上看起来一致,其实内在品质差异很大,消费者往往被欺骗上当。果多美的经营理念中有一条:"不利用消费者的懵懂,而是促进消费者成熟",也是遵循"种善因,修善缘",执行"好吃看得见"的经营逻辑。ABC定级可以帮助消费者在选购产品的时候提升他的鉴别能力,同时也把我们的产品和竞争对手的产品进行区分。

3. 一般情况下我们的 B、C 级产品属于价格性价比，A 级和特级属于品质性价比。但也有特殊例外，比如阳光玫瑰，里边也有 B 级品质的，但仍然属于品质性价比，因为即使 B 级的价格也不是所有消费者都能够接受的。还有一些价格很便宜，但是口感很好，被定位 A 级甚至于特级，但是它们仍然属于价格性价比。

4. 以上，请大家注意区别理解，不要混淆。两个性价比和定级的角度不同、目的也不同。"两个性价比"是从消费者能力的角度区分，为了在经营中形成商品结构的矩阵，满足不同顾客层的需求；ABC 定级是从果品品质的角度区分，促进顾客的成熟，建立甄别能力和意识，从而让顾客明明白白消费，减少踩坑。

5. 两个性价比是对内区分，更多应用在企业的商品经营上；ABC定级是对外区分，更多应用在对顾客认知的教育上。

（资料来源：作者在某次运营会议上的讲话）

第二节

"不让挑不让选"的背后，不是不爱，是很爱

"不让挑不让选"曾经是让很多顾客诟病果多美的地方。在超市买水果，顾客是可以随便挑选的。但果多美不这样，我们的模式有点类似于传统百货的柜台式售卖，一个售货员在柜台里侧，顾客在柜台外侧进行现场一对一式的购买。说老实话，这个做法从一开始就遭到了顾客强烈的反对，大家的理由很明确：我在超市里都能挑选，为什么到你这里来就不能挑不能选？

其实这么做，我们有着深深的思考。

不让挑不让选的背后其实是公平、品质和效率

"不让挑不让选"背后的道理有三个。

首先是公平。"不让挑不让选"造成的后果就是大家拿到的果品都差不多，不存在谁好谁坏，也不会出现来的早就抢走新鲜的，来

得晚就只能拿残次品的现象。就像"自律才能自由"的概念一样，约束了不公平的行为，剩下的就是理应存在的平等。

其次是品质。因为不允许挑选，避免了在挑选过程中不专业的拿取造成对水果的损害，这就最大程度上保持了果子原有的样态，也避免出现超市里挑完以后剩一堆残果的结果。果多美果子原本的品质就好，又没有遭受损坏性人工挑选，大家拿到的其实都是好果子。

再次是效率。很多顾客会在挑选的过程中花费很多时间，一方面这样的挑选会损伤水果；另一方面也会影响售卖效率。果多美的门店并没有那么大，但人流量却很大，如果人人都在一个柜台前停留半天，势必会影响售卖效率以及顾客体验，由专业店员为顾客快速选取水果其实也是保证工作效果和提升体验的做法。

从某些方面讲，这个做法对于某个个体的顾客来说是不人性、不方便的，但是对于更广范围的"顾客"群体而言，这是个既公平又合理的做法，保证了大家拿到的果品都一样，进而保证了果品的性价比。

尽管是个好做法，但由于果多美门店当时的业绩好，销量大，加上员工都不太会说话，甚至作为企业负责人的我都不太明白这些道理，更不知道怎么能把这些道理用很好的方式传递给顾客，所以店铺里面经常因为这个问题发生争吵，我们也因此得罪了很多顾客。

很多人还在点评网站上对我们这个规定提出了批评,尽管如此,当他们再到其他超市购买,但发现果子品质和价格远不如果多美时,还是会重新回到果多美来购物。我们曾经做过调研,很多消费者表示虽然不满意,但也别无选择,因此只能被动地接受这个规定。

对于这件事,我想从"为善"还是"为恶"这个层面说一说。表面上来看,不让挑不让选是"作恶",因为这是限制消费者的行为,站在消费者的角度来看,这种行为是不好的,也引起了大家的诟病。但是更深层次想,这种"恶"中恰恰体现出了"善",因为它维护了对每个消费者的公平,而且减少了人为手捏、指甲触碰划伤等,更大限度地降低了损耗。

果多美当时的损耗基本上都在两个点左右,比普通超市整整领先了十个点,反过来再让利给消费者,那么就形成了一个良性循环。甚至当时果多美的利润准则都不是百分比,而是直接以每箱挣5元10元这样的超低利润率来定价,把零售干成了批发。所以消费者尽管对"不让挑不让选"的规定并不满意,但是一看这果品确实价廉物美,便也遵循了这个规定。

那时候果多美的店铺里面人头攒动。每天每家店平均交易达到了1500笔,春节高峰时,单店日营业额曾超40万元,创造了果多美自创始以来单店坪效和能效的奇迹。其实这也是"不让挑不让选"这样反常规的服务带来的结果。

从"不让挑不让选"到"帮您挑帮您选"

尽管我们"不让挑不让选"的背后是品质、效率和公平,是基于"大爱顾客"而采取的行动,但是部分顾客不能理解的心态我们也特别理解。如果能把我们的想法向顾客和盘托出,相信顾客也会恍然大悟、心生理解。但问题是在忙忙碌碌的服务场景中,员工既没有足够的时间来向顾客解释,也因为大多数不具备与顾客解释清楚的能力,反而可能会因为表达不当,让顾客对这个政策产生更大的歧义和抵触。

我曾经多次看到过我们的员工是这样与顾客交流的:

顾客(习惯性地想要自行挑选)……

员工(用手制止顾客的行为):哎,不让挑不让选啊,我来给您拿。

顾客:为什么不让自己拿?我在其他地方都可以自己拿。

员工:这是我们公司规定,不让挑不让选。

顾客:这是哪门子不合理的规定?再说,你们公司凭什么规定顾客行为?

员工:我们公司就是这么规定的,不让挑不让选。

顾客:气死了!(吵起来,或者拂袖而去)

很显然,如果用这位员工这样的方法,顾客很难不生气。但是我也清晰地知道,不可能把希望寄托在员工对顾客的教育上,更何况顾客的心理我们也能够感同身受。

经过公司内部研讨，我们换了一个思路来思考这个问题，那就是，如果"不让挑不让选"是向顾客传递了一个"被控制被管理"的负面感受的话，那我们能不能换个视角，让顾客觉得我们这样做是为了他们好？

我当时的助理张盈是个聪明的年轻人，在一次会议上她就提了建议：张总，我们能不能把"不让挑不让选"换成"帮您挑帮您选"？——这个建议让我眼前一亮，对呀，其实顾客之所以对这个政策如此不满就是因为自身行为被限制，作为顾客的个体没有得到尊重和重视，而"帮您挑帮您选"的说法，尽管背后同样是不能自行挑选的底层逻辑，但是听在耳朵里就舒服了很多，因为它传递了一种为顾客好，以及"我为您服务"的理念，也是满足顾客需求的一种表达。

于是我赶紧让张盈去组织培训向各个门店的店长和员工传递这个理念，说实话，自从换了这个说法以后，我们的顾客对不能自行挑选的抵触比过去降低了很多。很有说服力的一个例子就是，在我们今年刚刚做完的顾客满意度调研问卷里，顾客对这句话的理解度竟然达到了63%。

对"请勿自行挑选"文化的认知比较

2022年，对"请勿自行挑选"文化的满意指数达到了76%，抱怨指数是9.5%，而在2018年，这两个数据分别是57.5%和16.7%。

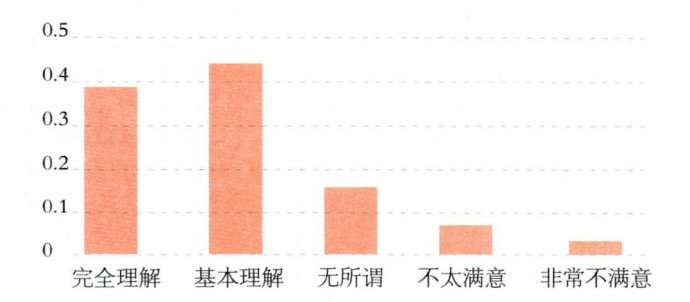

图2-1　2022年果多美顾客满意度调研报告（和泰智研）

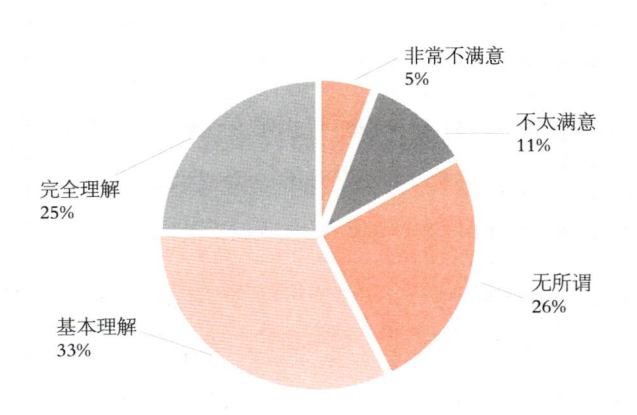

图2-2　2018年果多美顾客满意度调研报告（和泰智研）

第三节

运营三板斧，运营的不是业务，是顾客的心

毫不夸张地说，"运营三板斧"为果多美的经营业绩的提升甚至经营规模的发展壮大起到了决定性的作用。

运营三板斧的两个核心价值

在一次门店大巡查时，我一口气走了几十家店。可是，越走心里越不舒服，越走心情越沉重。没别的，别说顾客，就是我这个自己人走到我们的门店，也会下意识地皱皱眉头。

有的店门口堆着乱七八糟的杂物，地面清晰可见的是刚刚搬水果时留下的污渍，员工的围裙上污渍斑斑。再看看案台，一大堆水果堆在案台上，只是简单地码好，没有任何体现美观的设计——说实话，看到这样的场景，蹦上心头的第一个词就是"菜市场"，哪有一点水果专营店的影子？

这事儿也怪不得员工。他们来自不同的地方，有不同的工作经验，而当时的果多美店铺运营是缺乏诸多标准的。没有人告诉他们清洁整齐的环境应该如何营造、充满量感与美感的陈列如何形成、顾客满意的员工个人形象及言谈举止是什么标准……而这都是当下顾客最基本的需求。

回到办公室，我认真地思考良久，决定在公司内部提出"运营三板斧"的理念，并将其作为门店工作的核心工作去落地和检查。

运营三板斧指的是：卫生、陈列和服务。顾名思义，卫生指的是必须将门店的清洁卫生做到窗明几净，陈列指的是要将水果摆出量感与美感，服务是员工要通过仪容仪表和礼节礼貌来展现公司的形象。对于以上三板斧，我们还制作了相应的详细操作标准供员工学习，还让一线的运营经理和这方面的专家制作课件，亲自教大家如何执行。

说白了，卫生、陈列和服务这三项并不复杂，但它却是门店运营动作中基础中的基础，核心中的核心。其原理就是基于了解顾客需求，进而满足顾客需求而做出的三项载体、三个工具和三种绝密武器。

表面看来，"运营三板斧"并不复杂，无非就是每天做好门店的清洁卫生，将产品摆放得美观有序，同时对顾客报以热情和微笑。但是简单的事情做起来却非常不容易。工作忙了，员工少了，清洁卫生可能就忽略了；顾客排队，忙不过来，服务就会打折扣了，商品摆上就卖掉，生意这么好，还用做陈列吗？

满足顾客需求是运营三板斧的表面作用，但更深层次的作用却还不止这个，它的背后还存在着员工成长和企业经营的真谛，更藏着我对员工的拳拳爱心。

我深深地知道，"不积跬步无以至千里，不积小流无以成江海"。越是简单的事情越能凸显品质。简单的事情重复做，重复的事情认真做，真能做到这样，小作坊能成为百年企业，小员工也能成为大匠人。

"用最简单的事，打动顾客的心，并以匠人精神成就员工和企业"，这就是运营三板斧的核心价值。

高素质环境才能吸引高素质顾客

果多美的同事都知道我经常说的一些口头禅，其中有一句话被提及的频率最高，使用最广泛：经营，就是经营顾客的感受。

很多员工都会背诵这句话，但是却并不理解这句话背后的意思。当我们把"运营三板斧"的理念传递下去，并且通过各种培训课程将背后的理念告诉员工时，大家才终于咂摸出了一些味道。

在传递这个观念的时候，我也让员工不妨问问自己：

当一个商店门口堆满垃圾的时候，你会愿意走进去吗？

当一个衣服上污渍斑斑的人向你走近时，你是喜迎还是躲避？

当有人用脏兮兮的手和黑乎乎的指甲为你挑拣食物时，你会怎么想？

原来，每个人的行为其实是在受周围环境影响的。绝大多数人不会在电影院吃榴梿，不会在博物馆参观时追跑打闹，不会在五星级酒店西餐厅用餐时大声喧哗，当然也不会在大排档吃烤串喝啤酒时穿一件貂皮大衣。之所以会这样，是因为人们会下意识地根据周围环境的要求来调整自己。

在高档高端的环境里，我们应该行为文明，举止高雅；在混乱脏差的环境里，我们可以粗声大气，动作粗犷。所以，换个角度来说，我们想让顾客温文有礼，主动权其实把握在我们自己手里。只有我们把自己的环境营造好了，顾客进来的时候就会受到我们的环境影响，从而做出适配这个环境要求的行为。

古人云："栽下梧桐树，引来金凤凰。"同样，只有高品质环境才能吸引高素质顾客，那么高素质的环境该如何缔造？那不就是我们的"运营三板斧"吗？

把工作环境打扫得纤尘不染，把自己收拾得干净整洁，把货品摆放得让人垂涎欲滴，不正是在向顾客传递一种"我们是一群高素质的人，为您提供了一个高品质环境"的信息吗？

服务业流传百年的一句话："我们是一群为绅士和淑女服务的绅士与淑女。""运营三板斧"正是在用一个最简单细致却极其重要的方式告诉所有人：有学历不等于有文化，有知识不等于有素养。而素养,从来都是自己给的,它体现在你的衣着打扮,一言一行。我们可能没有读过太多书,学过很多知识,但是我们可以通过自己的一言一行来提升自己的素养。

  我们的自尊,也是一种敬人!

Chapter 3
第三章 沉思

卖不卖菜带来的启示

―――――
本章导读

无我利他，是果多美的当下与未来

"三个无忧""两个性价比""不让挑不让选"和"运营三板斧"这几个自发产生的文化虽然有点零散，但的确在果多美的不同历史阶段起到了非常重要的作用，但是随着时代的发展，新的问题又浮出水面。

比如说，"两个性价比"在果多美发展早期有非常大的优势，但竞争对手的模仿力也非常强。只要果多美做什么产品，竞争对手都能够短时间内快速模仿。同时随着时代的进步，消费者的需求也在不断变化，很多人希望通过好吃的水果来提升生活的品质，但是好吃也有瓶颈，当所有人向好吃进军以后，极有可能会形成同质化，不可能再好吃到超出顾客期待。

于是当时我们提出了"顾客新体验"的概念，就是希望果多美继续通过创新带给顾客更好的购物体验。同时我们也做了很多反思。比如过去为了做好两个性价比，我们对门店采用的是普通装修。因为担心装修得越豪华，消费者越会认为店里的产品很昂贵，不接地气，不愿进店。但事实上我们看到很多企业在不断地为消费者创造新的购物环境，并为此付出了非常高昂的成本。我们也能够感受到消费者既非常希望买到好水果，也希望能够有好的购物环境。所以果多美一直就在二代店铺升级这件事上左摇右摆，迟迟未定。既担心装修过于豪华，远离消费者；又担心维持现状，中高端消费者，尤其是年轻顾客不认可；当然也担心付出太多成本后，这些成本转嫁给消费者。

我本人觉得更重要的因素是水果本身"好吃"的品质。但除了好吃以外，还有什么新的体验能带给消费者？我们苦苦思索却百思不得其解。所以2017年我们虽然提出了这个顾客新体验的概念，但到底怎么来创造顾客新体验却并没有具体的方式方法。

直到新冠肺炎疫情防控期间，我们通过是否卖菜这件事情的思考，才突然意识到，无论是装修还是升级，都是具体的操作方法，真正想要实现顾客的新体验，还是要回到原点上去思考，而这个原点，只能是"无我利他"。更加奇妙的是，因为在不知不觉中产生的认知提升，我在思考上述问题过程中产生的决策决断，就自然拥有了哲学的意味。

第一节
果多美为什么一直不卖菜？

从认识到果多美的文化建设势在必行，到回顾公司原有的文化积淀，我在苦苦思索到底要怎么样做才可以真正把这件事做好，而不是像有些企业那样，自己琢磨一些口号，再弄成一本厚厚的书放在书柜里压根儿不看，那样的文化不如不做。

在思考的过程中，与稻盛哲学和葛树荣教授的结识是让我们最终完成果多美哲学手册的关键要素。但从个人体验上看，我也因为一件事而被深深触动。从而想明白了一个很关键的实践点，一下子让自己认知上实现了突破，得到了一种全新的感受。我想，也正是因为有了这样的认知基础，才有可能理解稻盛哲学和葛教授带给我的指导，真正走上果多美哲学重塑的道路。这件让我顿悟的事就是：果多美到底要不要卖蔬菜？

这是一个简单的经营问题，与文化建设毫无关系。但正是这样一个看上去非常一线的经营决策，我却经历了思维方式的转变：从曾经的坚决不卖，到决定卖菜，最后果多美还收获了蔬菜业务带来的惊喜。在这段一波三折的卖菜经历中我也悟出了一个异常深刻的道理。

鱼龙混杂环境下的第二曲线？

2015 年，中国国内电商开始兴起。最初他们以水果作为"钩子品类"，低价售卖。我记得当时网购水果的价格低到惊人，"1 毛钱一个苹果""9 毛 9 买一个哈密瓜"这种远低于成本的售价常常让人瞠目结舌。原因其实很简单，利用融资手段大量烧钱的方式吸引流量，快速形成平台化效应。

其实我们都知道，用这样的方式来卖水果，不仅要通过烧钱引流量，还需要配送到家。这里面每一单的履约成本都很高。我们今天来看所有的电商，尤其是生鲜零售电商，很多还处于全盘亏损的局面，就是因为一方面他们要维持着自己的流量；另一方面，他们要应付着履约成本。

这些年我们也能够看出，电商平台因为有资本兑现的压力，包括上市以后的盈利压力，所以已经开始疯狂地涨价，单看价格大多数也已经远远高出果多美线下店铺。尤其是那些知名的线上零售平台，他们经营的产品类别以及品种数非常多，所以其实专业性并不强，优势也并不大。

但是 2015 年，线上零售平台疯狂的烧钱行为，确实使果多美产生了巨大的压力。因为果多美当时的核心就是"薄利多销"。由于别人的价格比我们还要便宜，"薄利多销"这个原来很笃定的认知在消费者心中其实已经被动摇，大家会认为果多美并不便宜。所以在那种情况下，我们的商业模式受到了前所未有的挑战。

当时有很多同事建议我说："张总，我们要不要卖蔬菜？"记得听到这个建议时，当时我就反问他们："我们为什么要卖蔬菜？"他们告诉我说："因为蔬菜的毛利率比水果的毛利率还要高。一般市场上蔬菜的零售毛利率达到 40% 甚至 50%，而水果的毛利率只有 20% 多。"听到这些数据后，我们也去做了大量的调研，发现那个时候蔬菜零售的毛利确实挺高。

我想这也是后来电商不再以水果作为发力点，而换成了蔬菜的原因。包括今天各种社群接龙、拼团团购、明日达，很多都是以蔬菜为主，这个品类的高毛利留给了电商很多机会。

所以，我们应该卖菜吗？蔬菜品类是果多美的第二曲线吗？我的答案是否定的，能够做这么坚决的决策，我自然有我的道理。

不卖菜，才是真的为企业好

面对那些蔬菜经营层面的调研与思考，说实话我也心动过。但是在认真做了全盘考虑后，我决定坚决不卖蔬菜，原因很简单，就是蔬菜和水果的属性不同，完全是另一个领域，我们要做水果就要做专业，不能这山望着那山高，降低自己的专业度。

蔬菜和水果的属性到底有何不同？最重要的就是周转效率。蔬菜的周转是每 4 个小时一次。很多消费者是早晨买中午吃的菜，下午买晚上吃的菜，尽管有冰箱等保鲜措施，现在最多也就是今天买今天吃的菜，明天买明天吃的菜，所以需要的周转效率非常高。但水果不同，水果买回去以后可能会吃个几天，不需要天天买，一周买两三次是最普遍的现象。由于这两种产品的属性和周转效率不同，背后零售运营的技术也完全不同。因此我觉得这两个是不同的专业和领域，我们不能因为做蔬菜去影响我们在水果上面的专业性，所以我就拒绝了，坚决不做。

于是我们放弃了可能更高利润的蔬菜经营的诱惑，认认真真回到水果经营上来，不再因为电商给我们造成的伤害顾虑和彷徨，而是认认真真踏踏实实做自己。很快，第一批电商创业者因为烧钱支撑不住了，纷纷倒闭，大部分因为价格离开的消费者又回流到果多美。

这就是当初我坚决不卖菜的原因，当然也正因为我们坚持把水果做好的决心和坚守，所以尽管经历了第一次的创业危机，但最终我们还是走出了低谷，在与电商平台的第一次对抗中，算是取得了一定的胜利。

当然，除了坚持做水果的决心，我们也认识到线下零售确实有很大的优势。一是它比电商有更好的展示效果，二是消费者和员工可以面对面。如果员工能把握对顾客面销的机会，这也是水果销售的巨大魅力。

当然，由于线上平台的发展趋势，年轻人到线下来购物的可能性越来越少，老人成了到门店购买商品的主要群体，所以我们也为此做了调整与准备，比如在选址上精进，尝试把店铺开在年轻人上下班的路上，或者开在老人经常光临的社区里，为获得更广泛的客源做了这样的选择。

但最重要的是，在卖不卖菜的问题上，我们坚持了专业人做专业事的理念，放弃了蔬菜销售带来的诱惑，坚持在水果经营上发力和精进。很快就让果多美战胜了危机，取得了很大的发展。如果当时卖了蔬菜，是否还能有现在的效果，虽然结果很难预测，但可以肯定的是，面对一个全新的业务模式，我们需要投入很多的时间和精力，这从后来的蔬菜经营上已经得到了验证，而在当时的那个阶段，如果花费那么多时间和精力在蔬菜上，绝对不是一个明智的选择。

我在超市行业工作了25年，几乎见证了中国连锁门店发展，超市的颓废趋势是不可逆转的，本质上并不是被电商模式所替代，原因就在于"一站式购齐"不是消费者的长期诉求，经济性（更便宜）、品质性（更好吃）、便利性、情绪性才是消费者底层需求。由此我下过一个结论，社区生鲜店是一个伪命题，就是社区店看似更便利，但是由于经营品类、品种多，导致专业性不够，在经济性、品质性上不可能做到面面俱到，最终行业内的竞争只能是价格竞争，但是价格越低、品质越低，这个行业也就没有希望。因此果多美绝对不能卖蔬菜，必须把组织精力聚焦在水果上，我想这也是这些年国家强化"专、精、特、新"原因之一。同时也是专业店能够存活，而综合超市必然衰亡的原因所在。

所以当时选择不卖菜，才是真的为果多美好。

第二节

果多美为什么终于开始卖菜？

既然是为了果多美的发展而毅然决然地放弃了卖菜，那为什么在时隔几年后，我们又做出了相反的选择？

又选择卖菜，只是因为"情"

2018年夏天，北京市东城区商委一位负责商业板块的科长找到我，希望果多美能够卖菜。在与他的沟通中我明白了两个原因。

第一是因为北京的政策。当时北京市正面临着城市升级，进行区域分区以保证首都的功能性。我个人非常认可国家的这个政策，因为北京确实肩负着国家形象的核心功能。但说实话，北京的商业发展是落后的，经常有私拉搭建，甚至在马路边搭个棚子就卖水果的现象。老百姓还常常能看到小摊小贩拖着个板车在十字路口叫卖，缺乏管理的结果就是短斤缺两，坑蒙拐骗，什么现象都有。所以国家为了保持首都形象进行市容整治，对违建进行依法拆除。

但凡事都有两面性。因为城市升级带来的拆除违建、驱逐不合规商业的政策确实也导致很多原来的社区服务网点被清理，大家一瞬间就发现买菜这件原本很简单的事情，开始变得不方便。

第二个原因是，2018年，中国蔬菜生产的一个重要基地寿光出现了水灾，从而助推了蔬菜价格的暴涨。我记得当时这位科长跟我说："张总啊，市场里的韭黄都卖到了40块钱一斤，老百姓买得起吗？所以辖区里面每个人都有任务，要满足社区服务，要增设蔬菜零售网点，这是给老百姓做好事啊。"听完以后我其实内心很受震动。因为我心里很清楚，老百姓对水果是可吃可不吃，但是蔬菜那是每天都必须吃的，所以这事是民生，是刚需。

跟张科长聊完，我在一瞬间就决定要卖蔬菜。但这次卖蔬菜的原因绝对不是为了挣钱，不是为了经营，不是为了果多美，而是为了民生，为了老百姓的菜篮子，为了老百姓不要很高成本就能吃每天要吃的蔬菜。

所以当时我就跟团队讲，我们的蔬菜必须便宜，至少比外面便宜30%，这是个硬指标，没得商量。

始料未及的情感回馈

开始卖菜后不久，我们的一个店长到隔壁饭店去吃饭。有个大妈也在里面吃饭，一看我们员工穿着果多美的服装，就问这个店长："你是果多美的员工？"店长说："是。"于是她说："能不能把你们老板电话给我，我想给他打个电话。"店长怕我当时在忙，就对大妈说："阿姨，您有什么话想对我们老板说的，我给您拍个短视频传给他，让他看完以后给您回消息，好吗？"大妈很高兴地拍了一段视频，让员工交给我。

这段视频的大概意思是说，她到店里来买了一棵大白菜。结账的时候，员工告诉她总共是1.28元。她惊讶地问单价，员工说是0.28元一斤，这棵菜四五斤重，总价就是1.28元。她非常震惊，说自己已经很多年没买过这么便宜的蔬菜了。她担心自己听错了，反复跟员工确认后才了解果多美的蔬菜确实非常便宜。大妈说，她是退休职工，因为原来单位效益不好，退休金也不高，孩子收入也不高，所以不仅要养活自己，还要补贴给孩子们，压力很大。所以她以往买菜时会到超市里去买晚上打折的蔬菜，用她的话说就是到超市里去捡一些烂菜叶子，但果多美给了她一个用非常便宜的价钱吃到新鲜蔬菜的机会，她很感恩！

看完大妈录的视频我不由热泪盈眶。大妈的话让我想到了过去家里的贫苦，也让我哽咽。她说："老板你是好人，没想到你卖蔬菜是出于这个发心。"所以我的内心被深深地震动，最初自己决定卖菜，只是因为觉得消费者买蔬菜贵了，政府也有心来请我们做这件事。我觉得政府非常务实，那自己就做一个商家该做的，真正帮消费者解决了问题就好。没想到却收获了百姓真心的感谢。

这个视频的出现让我更加觉得当初的决策，包括售卖形式、采购模式、定价模式等都是非常正确的。当然事实也证明了这一点。自从我们卖蔬菜以后，每天蔬菜柜台排着长队。就这样我们开始了果多美的蔬菜事业。

第三节

"卖"与"不卖"的距离,是"我"和"他"的距离

义和利,是衡量优劣商人的唯一标尺

2018年和2019年这两年间,我们大概在20家店铺里开设了蔬菜专卖柜。正如我们前文所述,蔬菜是个有别于水果的品类,加上我们一直强调的保民生、低利润,这就对蔬菜采购和运营提出了更高的要求,因此蔬菜业务的发展经历了一个缓慢的过程,也碰到了很多困难,但我们一直坚持着。

让我没有想到的是,在2019年末和2020年初春节之后就暴发了新冠肺炎疫情。新冠肺炎疫情暴发后人们不能出门,全国范围内开始囤货哄抢。我记忆特别深刻,有的超市故意抬高价格,一棵大白菜卖到50块钱,由此国家也处罚了几个超市,罚款上百万元。其实这些超市还算是明面上的涨价,那些在暗地肆意抬高价格,发国难财的现象也比比皆是。

我是一名70后,2003年暴发非典的时候,我刚刚参加工作不久,那时候我在超市做店长,至今仍记得当时社会面临的危机和困

难。尤其当时我觉得非典并不可怕，真正可怕的是人心乱了，大家开始焦虑、彷徨、不安，甚至出现哄抢、物价飞涨等现象。我认为这一系列的问题产生的危害，远远要大于疫情本身。

因此疫情一发生，我就立即做出判断，我估计北京疫情的市场乱象即将会影响全国，当时我就跟同事们说，我们的蔬菜不能赚钱了，绝对不能赚钱。我们原本规定的是还有20%的利润，但当时给他们下了一个指标，只能保持6%的毛利润，其中2%是用来应对运输和售卖过程中的损耗，第二个2%是用来应付物流的成本和费用，最后一个2%是用来应付员工工资。至于店铺租金及公司运营费用，国难当头，我们就不再考虑这些因素，那会儿我满心想的就是让老百姓真正买到低价菜，更重要的是买到安心。

在该思路的指导下，我们蔬菜的很多产品价格都比其他市场低了近50%，也就是说只有市场的一半价格，换句话说，我们等于是零利润向社会供应蔬菜。用这些真实可见的付出来表达自己的态度，该做法确实对当时的哄抬物价的现象做出了有力回击。

之所以这么坚决地做出这个选择，就是因为我的心里一直有一个信念，我们是做民生产业的，关键时刻就应该担负起民生行业企业的责任和使命。

新冠肺炎疫情一暴发，除了蔬菜，我们也把水果的利润让给了加盟商，因为当时有不少店铺是由我们的加盟商投资的。新冠肺炎疫情防控期间，业绩影响巨大，他们也会遇到困难。在那种情况下，我决定自己不能挣钱，要让利给加盟商，让他们存活下来。

顾客当然也是我们的考虑对象，因此，除了把利润让给加盟商，我们还把水果利润的三个点让利给了消费者。所以当时的门店里除了蔬菜在降价，水果也在降价，记得当时我们不停地在广播里跟大家讲："大家不要慌，我们不涨价，我们在降价，请大家认真看价格是不是这样，所以大家不要恐慌，不要哄抢，更不要囤货。这是我们真心的建议，因为生鲜这个产品囤货时间长了，味道就变了。我们希望顾客感受到我们的真诚，不要哄抢和存货，随吃随买。我们不会囤积居奇，一定保障有效的供应，让老百姓一直可以过着和以前一样的家庭生活。"

赠人玫瑰后，顺便而来的手有余香

赠人玫瑰，手有余香。令人惊喜的是，因为这样的发心，我们的蔬菜销售虽然利润很低，但营销额却直接翻了一倍。2020年那一年我们的蔬菜销售突破了1.5亿，这是我们最初决定做蔬菜业务时完全没有想过的结果。

可以这样说，一个创业不久的项目首先能够突破1.5亿的销售额，实在是让人惊奇。我们的蔬菜由于利润低，客单价也很低。我们曾经测算过，顾客购买蔬菜的客单价也就在10块钱左右，想要实现1.5亿的销售额，得有1500万单才行。这就意味着在那一年里面，有1500万顾客到我们店铺里购买了蔬菜。细算下来就是每天有4万多人光临我们的店铺买菜，这个始料未及的成绩让我兴奋的同时，也感觉到责任非常重大。

除了营业额的直接增长，通过蔬菜经营引流带来的综合利润的变化也让人喜出望外。经我们测算发现，增加蔬菜经营的店铺和没有增加蔬菜经营店铺的客流量有着非常明显的变化。增加蔬菜经营的门店，在 2020 年全年实现了 28% 的平均水果转化率，日均单店 5000 元的水果销售额提升和月均 5 万元的利润提升是始料未及的惊喜。

当然，整个蔬菜经营的过程中也不全是和谐的声音。由于内部认知偏差导致的经营业绩反复现象，确实也引发了一些特殊的负面案例。比如我们有个门店加盟商，刚开始时自愿增加了蔬菜经营项目，但由于我们要求的蔬菜毛利低，一段时间后，他就觉得蔬菜不赚钱是他整个门店不赚钱的根本原因，所以多次来总部沟通协调，甚至通过胡搅蛮缠的方式提出必须增加毛利的要求。经多次沟通，都没能说服对方。出于理解对方对投资回报的迫切，加之对方一意孤行的强烈要求，最终我们不得不同意他单店蔬菜提高毛利的做法。但急功近利带来的后果自然是老顾客的信任缺失和客流的显著减少。提升毛利的做法不仅没让他挣到更多的钱，反而起到了相反的结果。最后是大好的开业成果被破坏，等到他反应过来想要努力翻盘时已经错失了机会，最终这家果多美店铺只能以关门收场。得知这个消息后，我为这位加盟商感到惋惜，同时也再次印证了坚持"利他"初心的重要性。

除了业绩的提升，还有一些看不见摸不着的精神回报让我们收获满满。由于为顾客着想的发心，让很多消费者觉得我们很不容易，于是有很多顾客主动到我们的门店当义工。暴发新冠肺炎疫情的时候正好是春节，有部分员工回家过年，节后也回不来，所以员工非常短缺。很多社区居民主动担当志愿者，帮我们在门口测温，甚至为我们送来劳保用品，尤其是紧俏的消毒液。还有一些阿姨看到由于新冠肺炎疫情饭店不开门，我们的员工没地方吃饭，生活中出现了很多不便利，可亲的顾客们无数次地为我们买来肉制品，做好热饭甚至把热气腾腾的饺子送到店铺里，当然还有很多顾客给我们送来锦旗，无数消费者在企业公众号底下留言，说果多美是良心企业等。

就这样，果多美自创业以来，顾客满意度、顾客美誉度得到了空前的高涨。"积善之家必有余庆"，由善的动机引发的经营行为最终引发的是一连串的善果。这次卖菜的经历既让我初体验到了"种善因，果多美"的感受，也更加让我真切地意识到了文化对经营的绝对重要性。

当然，在这个过程中，我更加深刻地意识到，意识统一和价值观统一是多么重要。如果我们当时能够将所有经营者的意识和价值观悉数统一，那么在遇到经营困难时，大家就会有更加笃定的信任和坚持，那位上文提到的加盟商或许就不会落得关门大吉的下场。

Chapter 4
第四章 涅槃

果多美哲学手册诞生记

本章导读
以文化人，树立正确的人生观与工作观

在过去的职业生涯中，和很多人一样，"文化"这个词，在我这里就是一个词而已。我常常觉得，跟自己正在做的实际业务比起来，这个词过于虚无缥缈，没有意义，更谈不上实实在在的价值。直到果多美发展成为一个拥有上千名员工和上百家店规模的公司时，我才隐约意识到文化对经营和管理的重大意义。

对创业者来说，只有一家店的时候，我可以自己主导这家店的经营，两家店的时候，就需要另一个店长各自分管，到三家店的时候，我就得雇用三个店长，因为除了门店经营，我还有更多更重要的问题要去思考，比如还要不要开店？开在哪儿？怎么开？现有的店怎么才能经营得更好？等拥有十家店的时候，我就需要有专职会计、采购、物流配送等配合门店的工作。到了这个时候，店长们的经营理念或者思路，是不是能够跟我保持一致就成了很大的问题，一旦我们之间不能达成共识，店铺的经营就一定会出现问题。

有句话说得好，"外忧不足患，内耗最伤人"。对一家企业的经营而言，外在竞争或环境变化其实都不可怕，真正可怕的是内耗。这里的内耗不是指内部人员的相互斗争，而是思想意识的差异产生的消耗。每个人都是独立个体，上级交代工作任务时，员工表面上接受，但实际操作时还是会不由自主地按照自己的想法去做。因此，不在意识层面形成统一，大家的行为就更难统一。

就在不断带领企业前进的过程中，我突然意识到，文化就是当我们遇到某些事的时候，要进行判断的准绳！到底该怎么经营一家店铺？遇到问题应该以什么原则处理？文化就是共同的人生观、工作观、价值观以及经营观，就是共同的价值观 × 共同的思维方式 × 共同的行为方式，这其实就是经营哲学，或者叫经营理念。

所以，企业管理中的组织管理，核心就是理念管理，就是让大家意识保持一致，心往一处想，力往一处使，这样的组织才会有力量。如果没有共同的人生观、价值观、工作观和经营观作为判断的准绳，那么大家的意识就会发生混乱和偏差，也就会产生企业内部的消耗。

原来，企业文化不是一个虚无缥缈的概念，它是真实存在的逻辑判断，与工作有关，与经营有关，与做人有关。

第一节

缘分,让我们遇见稻盛哲学

在学习稻盛哲学以前,我觉得与葛树荣教授的相识,是缘分使然,学习《京瓷哲学:人生与经营的原点》以后,我才知道,这是因为我"怀有渗透到潜意识的、强烈而持久的愿望",才让我有机缘在正确的时间和地点认识了正确的人,也才能让我的梦想得以实现。

遇见稻盛哲学,遇见葛教授

一次非常偶然的机会让我认识了颜姐,并在她的介绍下,参加了好几次稻盛哲学针对企业家的分享,自己大受震撼,也深深受益。当时参加的分享很多,每一个课程都让我甘之若饴。其中一些经典分享如"六项精进""领导者资质"等,我还多次安排公司各层级管理干部去学习,大家的反馈都特别好,认为自己学完以后脱胎换骨,颇为受益。

另外，在某次分享上，我第一次见到葛教授，听了葛教授解读稻盛先生对企业经营哲学的阐述。那一次听课，我突然有了醍醐灌顶的感觉，很多困惑许久的问题仿佛在一瞬间找到了答案。

稻盛先生认为，企业的哲学其实就是经营公司的规范、准则，就是必须遵守的事项。它用来表明企业的目的和目标，这种哲学可以赋予企业一种优秀的品格。我认为，其中也包含企业家精神。并且，这种品格和精神决定了企业的未来。至今我都很清楚地记得稻盛先生的经典譬喻："螃蟹只会比照自己壳的大小挖洞。企业发展的水平，取决于经营者的品格，也就是经营者'器量'的大小。"

因为相较于提升经营业绩需要采用的具体方式方法（稻盛先生称之为实学），这个"器量"所代表的哲学则是更为隐秘而重要的根基。

毫不夸张地说，这段话对我来说不啻于师父棒喝，在我的心头震撼。回想自己过去数十年的职业生涯，绝大多数情况下都是亲自上阵，带着一帮兄弟姐妹在商场厮杀。竞争、销售、营业额、利润等名词无时无刻不在脑海中盘桓。提升业绩，把公司做强做大，让一直跟随自己为公司作贡献的人过上好日子，这是鼓励我始终前行的信念。但是正如前文所述，理想很丰满，现实却很骨感，无论是公司的发展壮大，还是员工的成才成长都遇到了始料未及的困难。

直到这一刻我才真切地意识到，稻盛先生所讲的这些才是货真价实的金玉良言，也是我一直以来苦苦追寻的东西，是能够让我完成把公司做大做强、让员工成长成才的珍宝，它的名字叫"经营哲学"。

听完公开课的当天，我就找到颜姐，请她帮忙介绍结识葛教授，在与葛教授交流沟通的过程中，他的博学多识，对稻盛哲学理解的深度再一次深深地让我折服。尽管当时葛教授的排期已经非常紧张，我还是锲而不舍地通过努力，最终请到葛教授担任我们的哲学顾问，帮我们果多美来提炼、整理并完成属于自己的哲学重塑工作。

与稻盛和夫（北京）管理顾问有限公司签订合作协议的那天晚上，我非常开心，因为我真切而清晰地意识到，果多美的一段新旅程即将开始。

哲学，原来就在所有人的身边

确定合作内容后，我就迫不及待地邀请葛教授来北京给公司所有管理层上课分享。我想让同事们像我一样能够尽快聆听到这么荡涤心灵的课程，我也无比坚信，他们也会和我一样获得心灵的感悟和成长。

2020年元旦过后，在稻盛和夫（北京）管理顾问有限公司的组织下葛教授如约来到果多美，为我和同事们讲授了第一节关于经营哲学的启蒙课。大家听完课后的情况，果然与我猜想的一般无二。

发培训通知的时候，我听不少同事反馈说，很多人对于即将要做的哲学建设这件事情，心里其实是犯嘀咕的。因为马上就要过春节了，生意即将忙得要命，哪里还有时间来学习什么哲学？再说，一说起哲学，大家的脑子里马上出现苏格拉底、亚里士多德这些西方的大哲学家。关键是，这么高深的学问，这些连大学都没上过的人，哪能听得懂啊？

大家的疑虑我是深深理解的，但是我一点都不担心。葛教授一节课下来，大家的担忧就被打消殆尽。在葛教授的讲解中，我们发现，趴在地上拾树叶的阿姨心里有哲学，做寿司做了一辈子的小野二郎老爷爷心里有哲学，每天在机场打扫厕所被誉为日本第一清洁妇的新津春子心里也有哲学……原来，哲学竟然就是这么接地气的事情。

一天的课程结束了，大家的心里充满了感动。稻盛先生用他一生奋斗的故事深深地感染了大家，大家意识到，做饭需要哲学，做面包需要哲学，而卖水果同样也需要哲学——因为，我们卖的并不仅仅是水果，而是对老百姓餐桌的关心、健康的关心、安全的关心，甚至对幸福生活的关心。

课程的最后，当葛教授的课件上出现"种善因，果多美"这几个大字的时候，我的眼睛亮了，心也跟着亮了。

第二节

一路走来，那些值得纪念的里程碑事件

是机会，不是任务

回过头来看，我很庆幸选在2020年1月初请葛教授过来给大家上了一次关于哲学手册编写的先修课程。因为如果晚到春节以后，那么果多美的现在可能还未必是今天的光景，大家在新冠肺炎疫情中的表现也一定和现在大相径庭。

葛教授在那两天的课上给我们讲了什么？我们的小伙伴们为什么受到了那么强烈的震撼？我认真地回忆了一下当时的课程，能够回想起，当时葛教授其实主要给我们说了三个方面。

一是"经营为什么需要哲学？"

通过学习稻盛先生的"经营为什么需要哲学"，重温了经营需要哲学的三个理由，前已述及。至于"哲学用来表明企业的目的和目标"，葛教授结合稻盛式愿景的"世界第一"，补充了"世界一流企业"的概念。他告诉我们,世界一流企业的衡量有三大本质维度,一是技术和质量,包含运营和服务的技术;二是经营能力;三是社会责任。而社会责任则恰恰体现了企业精神,其实也就是企业家的精神,葛教授给我们列举了企业家精神在世界一流企业所具备的共同特征:

1. 极其强烈的事业心和使命感

2. 极其强烈的创新意识

3. 极其坚强的信念和意志力

二是"企业为什么需要哲学手册?"

关于这个问题,葛教授给了我们一个精练的表达:"食稻有化,哲学有谱"。这是非常精准的表达,因为哲学再好,需要载体。企业文化不可能靠企业家自己通过表达传递给所有员工。他做不到,即便能做到也一定做不好。原因是面对同样的语言每个人的理解都不一样,更何况还是那么高深的文化和理念。

所以,我们需要一本手册来承载果多美的思想和哲学,指导我们的言行。我们可以随时来检讨自己的行为是否合乎哲学的本源,这应该就是哲学需要手册的根本原因之所在。

三是"哲学手册应该怎么做?"

在解决"如何做哲学手册"这个问题时,葛教授通过哲学手册应该包含哪些内容和如何做手册的流程这两个角度来做了阐述。

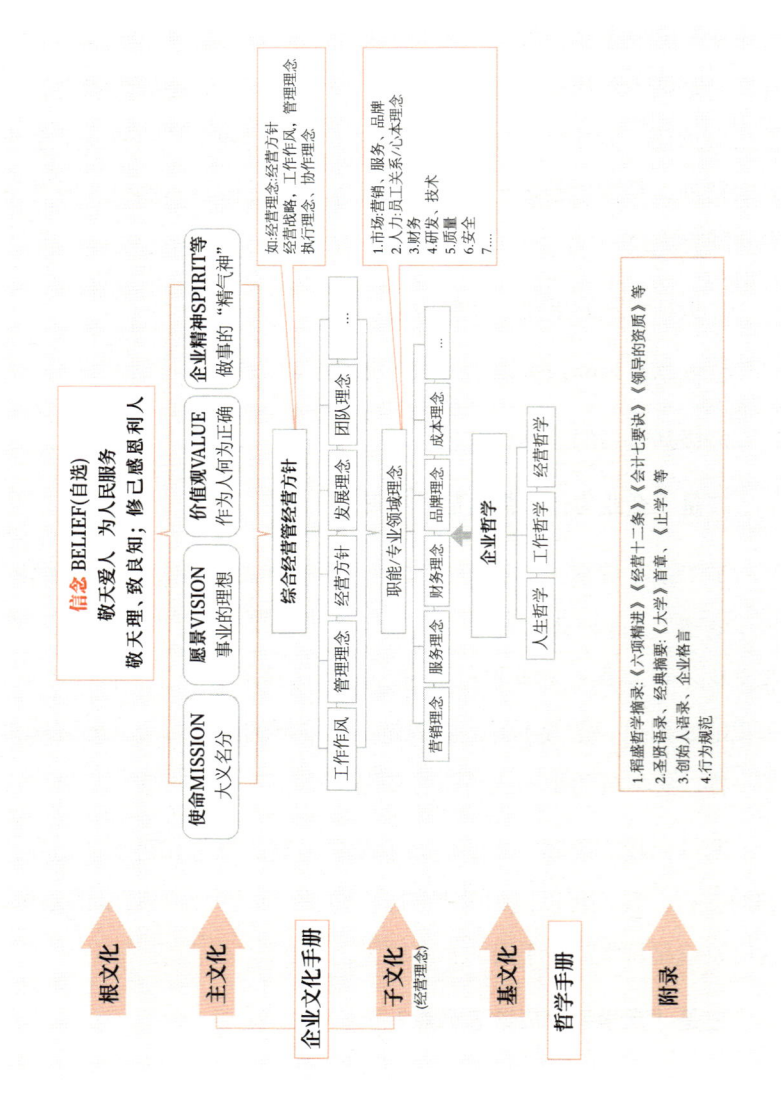

图4-1 哲学手册编制谱系图

根文化

信念 BELIEF(自选)
敬天爱人 为人民服务
敬天理，致良知；修己感恩利人

主文化（企业文化手册）

- 使命 MISSION — 大义名分
- 愿景 VISION — 事业的理想
- 价值观 VALUE — 作为人何为正确
- 企业精神 SPIRIT 等 — 做事的"精气神"

子文化（经营理念）

综合经营管方针
- 管理理念
- 经营方针
- 发展理念
- 团队理念
- 成本理念
- ……

如经营理念、经营方针、经营战略、工作作风、管理理念、执行理念、协作理念

工作作风

职能/专业领域理念
- 营销理念
- 服务理念
- 财务理念
- 品牌理念

1. 市场营销、服务、品牌
2. 人力员工关系/心本理念
3. 财务
4. 研发、技术
5. 质量
6. 安全
7. ……

基文化（哲学手册）

企业哲学
- 人生哲学
- 工作哲学
- 经营哲学

附录

1. 稻盛哲学摘录、《六项精进》《经营十二条》《会计七要诀》《领导的资质》等
2. 圣贤语录、经典摘要、《大学》首章、《止学》等
3. 创始人语录、企业格言
4. 行为规范

102　　　果然不凡

在哲学手册的内容上，葛教授用谱系图的方式为我们勾勒了一个完整的哲学手册的架构。一本完整的哲学手册应该包含根文化、主文化、子文化和基文化四大组成部分。其中根文化阐述的是企业的信念，是最高维的存在；主文化阐述的是使命、愿景、价值观和企业精神等；子文化主要阐述的是微观经营理念，是基于根文化和主文化的落地实践载体，一般包括经营方针、经营战略、管理理念等，它可以囊括公司经营的各个业务层面的内容；基文化则指的是企业的哲学，主要包括人生哲学、工作哲学和经营哲学。

在哲学手册的编撰流程上，葛教授指出，一定要经历学习"盛经"原浆（即《京瓷哲学》）、诊断自家长短、共编哲学谱系、共释哲学条目、共有自家哲学和企业再造提升六个阶段。而在后来的工作中，我们也是一步一个脚印，严格按照教授教我们的内容不断前进和完善，才有了今天的果多美哲学手册。

葛教授深入浅出讲解哲学思想及其意义，两天课程下来，我们的管理者被深深地吸引和调动。大家眼前真实地浮现出了一个拥有优秀企业精神的优秀企业的样子，也都迫不及待地想要做些什么，来促成、见证果多美的华丽转身。

所以，当我告诉大家即将成立一个专门编撰哲学手册工作小组的计划时，大家都极为踊跃地举手报名。在成立小组之前，我和葛教授以及各位高管都沟通过，这件关乎思想提升的事情全凭自愿，绝不勉强。我起初担心又要读书，又要写感想，这样看上去"又虚又难"的事情，在过去的果多美是最不受人待见的，所以很担心大家都不想参与。

令我没想到的是，就在我宣布成立编撰小组自愿报名的话音刚落，整个会议室参加培训的所有小伙伴几乎都抢着跑上了台。经过自我演讲和角逐，一共有48位小伙伴成了哲学手册编写小组的第一批核心成员。

在热气腾腾的会场，我强烈地感觉到，尽管接下来的八十天打卡之路是可以预想到的不容易，但在所有人的心里，这次领到的绝不是任务，而是机会。

图4-2　果多美哲学手册编写小组成立纪念（2020.1）

通过大家的反馈，我突然有了一种强烈的感觉，那就是哲学的价值不仅能够解决企业的问题，更重要的是能帮助同伴成长。之所以大家都愿意参与进来，就是因为通过像这样的培训和说明，极大地激发了大家的善心，因为每一个人都希望实现"伙伴们心往一处想、力往一处使"的团队状态，更渴望通过这样不平凡的经历找到自我，成就自我。他们已经和我一样，隐约中认定哲学是可以帮助我们实现梦想的。

八十天的打卡，让我们撑过难关

无论如何，我一定要专门用一整块的文字来描述这八十天的历程，因为它实在太难忘也太值得纪念。虽然我在其他的章节都或多或少提及过当时的情景，但将这段时间的整个过程做一次梳理依然对整本书的思想阐述意义重大。

我仔细回想了当时的情景，这八十天大约可以分为两个阶段：

第一阶段：按部就班地推进

在葛教授的指导下，大家学习哲学、寻找哲学的劲头被点燃和调动了起来，所以前十天的打卡是完全按照最初的计划进行的。

我们第一次读书打卡《京瓷哲学》的时间是2020年1月14日。我是在15日凌晨才来得及写下当天的分享。因为我清晰地记得，那天晚上我跟东哥交流完公司春节战役的几个重点事项后，就已经是凌晨零点三十分，时间确实不早了，但我却没有丝毫倦意，心里仿佛有一团火在不停地燃烧和升腾。白天葛教授在课程上对我们的叮咛还在耳边回荡，我振奋了一下精神，开始了第一天的打卡写作。

这一天打卡主题是《京瓷哲学》的第一章"度过美好的人生"的第一节"提高心性"。让我自己都没有想到的是，这篇 2000 字的分享我竟然写了整整两个小时。对于一贯以来很擅长表达的我来说，一篇读后感竟然写得如此艰难，总结下来就是因为感悟太多的缘故。

原本我以为这两个小时只是个案，是因为那一节的内容丰富而集中导致我思绪太多，但后来发现，每天晚上的分享基本上都要用两个小时来完成，甚至有时候花的时间更多。

慢慢地我也找到了原因。因为尽管每天看的老先生的文字并不多，但这些提纲挈领的文字所包含的内容实在是深邃厚重，以至于一边读一边担心，这么厚重的思想怎么能用一篇分享归纳清晰？好不容易将其中一些核心的思想做了总结，就花了好几个小时。看来，被点燃的热情想要持久进行，还真不是一件容易的事情。当然，我也清楚，再难的事情，只要下了决心，就一定能够完成！

不知不觉中，每天在深夜的这种思考和输出仿佛已经成了一种习惯。繁忙的工作中，只要稍稍有点闲暇，就会想起今晚还有一件事情要做，同时对晚上要读的那部分内容也会产生浓浓的期待。今天会打卡哪一个条目？这个条目也一定能跟我们的日常工作联系在一起吧?又会勾起自己哪一段回忆?于是,在每个宁静的夜晚,就着月色整理心头所思,不知不觉中就成了每天最期待的事情。

我想其他同事大概也有同感,因为通过看他们的分享,我看到了相似的感受,有疑惑,有困难,但却因为每天的读书收获了很多的成长,看到每天都有干部分享如何将稻盛哲学中学到的心得运用到实际工作的案例,我心中着实欢喜。

《京瓷哲学》打卡分享第一篇

【内容概述或摘录】

1. 一个核心指向:人生的目的在于努力纯化和净化自己的心,从而拥有美好的心灵。

2. 一个论述要点:心灵清澈则人生平顺。

【读书感悟】

1. 何谓"心"?

我从来没有思考过这个话题,其实现在想想,都说做事做人要"用心",而我们根本不懂"心",过去我还粗浅地认为"心"不就是我们身体里的"肉团心"吗?用大脑能直接理解，可感觉"用心"并不是能直接用的。老先生说，心就是思维方式。它和用脑的思考方式有什么不同呢？如果不把"心"搞清楚、理解透，提升它就无从谈起。老先生在开篇给我留下了深深的思考题，也诱发我探索的兴趣。

2. 为什么要提高心性？

现在我们的心性在哪里？往哪个方向提高？用什么工具和方法提高呢？稻盛先生说提高心性就是一心向善，可是人们都觉得自己很善良，所以我们首先必须清晰清楚"善、恶"的定义，否则就是善恶不分，进而自我迷失。尤其稻盛先生都说人生的意义在于提高心性，天啊，人生的意义居然是提升自我的心性？为什么？为什么？为什么？

【企业/自我检视】

1. 曾经的傲慢误导了我对《京瓷哲学》的理解

我要深深地忏悔，以前我读过《京瓷哲学》，误以为它是在说京瓷的事、京瓷的人，和有些出书者一样，自我标榜、好为人师，关键这些好像和我们通常理解的企业管理运营不相干。这次我花两天的时间，按照葛教授的方法读下来，才发现过去的自己是多么肤浅和无知，我才慢慢理解《京瓷哲学》副标题"人生与经营的原点"是什么意思。稻盛先生是在用这本书教我们如何经营人生、经营企业，而京瓷不过是这本书里举的一个案例而已。

2. 经营理念是玩真的，做人也要做真人

京瓷公司之所以能成为世界500强，就是它的哲学都是在说如何经营自己的人生，而经营企业不过就是经营人生的工具，我发现他的经营理念不是假的，不是为了忽悠员工才那么说的。我忽然明白什么是"善"、什么是"恶"，想我就是恶、想他就是善，这与我们通常理解的"善、恶"不是一个概念，通常我们可能理解"不害他"就是"善"了。

"恶"有时候隐藏得太深了，披着"善"的外衣、打着"利他"的口号恰恰就是在维护"我"、证明"我"，这就是"伪善"。而有时候"善"也会以"恶"的形式出现，表面看很不"利他"，其实恰恰就是真正的利他，所以稻盛先生有一句话"大善似无情"，果多美也有一句话"有情的领导，无情的管理"，这也都是真的美。未来果多美的哲学手册也必须是以真正帮助员工心灵成长为"唯一"目标，果多美的那些事不过是辅助的工具而已，以文化人、以事炼心。

3. 善恶取舍就是人生两条截然相反的道路

稻盛先生说"心"是思维方式,那么思维方式就是简单的两个维度,一个是"善"、一个是"恶",就是一个是"我"、一个是"他"。它和用大脑的思考方式不同,思考方式是逻辑、推理、判断、求证的复杂系统。思维方式就是"善""恶"的抉择,正确的思维方式就是"心在利他上"、错误的思维方式就是"心在利我上"。终于明白"一念天堂、一念地狱"的意思,一念在"他"上就是善,就是可以去天堂的祝愿,一念在"我"上就是恶,就是下地狱的警告。心就是当下的每一个念头。

4. "利他"是人生唯一的康庄大道

《京瓷哲学》中写道:"人生的目的在于努力纯化和净化自己的心,从而拥有美好的心灵",就是去"我"存"他"。去掉自私自利的贪婪之心、去掉偷奸耍滑的机会之心、去掉羡慕/妒忌/恨的不满之心、去掉自以为是的傲慢之心、去掉固守己见的疑惑之心,就是心灵越来越美好。

稻盛先生说提高心性就是一心向善,也就是说一心"利他"。我明白了,用心做人就是专注在"利他"上,用心做事就是专注在"事"上,去除自己私心杂念的干扰,让当下产生的每一个念头都牢牢安住在"利他"之"事"

的心念上。这确实需要修炼啊！因为人的秉性和本能就是"利我"的，原来"六项精进"就是修炼自我、提升心性的最好具体方法啊。通过"六项精进"提高心性，就是通过每一个当下心念的把握，把"利我"的旧本能、旧意识变为"利他"的新本能、新意识。

5."利他"就是最大化的利我

京瓷公司最大化利益员工和顾客，换来的是最大化利益自己，那么我们做人、做事最成功的方式是"最大化利益他人就是最大化利益自己"。道理非常简单，谁会愿意认可、帮助、支持、成就一个自私自利的人呢？我们换来的永远是我们放出去的，善恶皆如此。稻盛先生说人生的意义在于提高心性，就是用一生去修炼心念由"利我"到"利他"的转变，顺便而来的就是我们人生的成功和幸福。再一次领悟"我是一切不幸之源"。

憧憬一下，如果我们工作和生活中都是在践行利他，或者先利人后利己，我们与伙伴的关系、与顾客的关系、与社会的关系都将是和谐温暖的，一句话："利他"让我们和世界连接，"利我"让我们和世界绝缘。

《京瓷哲学》里就有我苦苦追寻的大智慧。

每年的一月份，正是我们集中精力备战果多美春节战役的关键时间节点，在经营上我们可是一点儿都没含糊，作为果多美四大战役中最重要的春节战役，大家很早就做了部署和安排，一切都在紧锣密鼓地进行当中，而《京瓷哲学》的读书分享也为大家在即将到来的这场硬仗中注入了能量。参与本次《京瓷哲学》读书打卡的学员大多是公司的主力干将，最初几天的打卡下来，我能够明显感受到大家的干劲更足了，这一点真是让人欣慰。所以我几乎每天凌晨发出的打卡分享更不敢懈怠、轻慢，竭力为干部们树立了一个好榜样。

这样的情况持续了一周左右，到了腊月二十七，北京的年味儿渐浓，我们为春节战役进行的力量积蓄也已经到了厚积薄发的阶段，按照往年的经验，很快，浓浓的年味儿就该到来，我们的生意也要进入黄金时间。

但是，意想不到的声音从各个渠道传来，武汉发生了规模性病毒疫情。从最开始的小道消息传播，到一些大媒体已经开始报道，虽然看起来离北京比较遥远，但我总有一种隐约的预感，觉得这次疫情并没有想象中那么简单。我记得当时营销部小田在中层干部ELDP（卓越领导者养成）训练营群里发了一条提醒大家戴口罩的消息，培训部总监王晶也给大家提供了正确佩戴口罩的小视频，这些细节都颇有一点山雨欲来风满楼的意味。作为全程经历过非典疫情的职场人，自己的心里开始有点隐隐的不安。

一晃就到了大年三十，在当天晚上的日记中我写道：

2020年1月24日1点17分 北京

今天是大年三十。本该阖家团圆、幸福满溢的日子，却因为一个消息让包括我在内的很多人心生不安。白天听说武汉封城的消息，这种严防死守的决策意味着什么，仿佛已不言而喻。年三十的北京与往年一样，下午的街道已渐渐安静下来，但是空气中又仿佛弥漫着与往年不一样的气氛，谁也不知道这次新冠肺炎疫情到底可能会发展成什么样子，又会对公司门店的经营带来什么样的影响。十七年前非典来临时我还在广东一家店做店长，当时的情况历历在目，大街上门可罗雀的情况仿佛就在眼前，难道这又是一次非典？说实话，一直非常自信从容的我，就在此刻心中也萌生不安。

当时突然想起这几天刚刚读过的稻盛先生这一生与命运抗争，并以常人无法想象的毅力做出令人惊叹的成绩的故事，更想起稻盛先生用一生诠释的"人生·工作的结果=思维方式×能力×热情"的成功方程式，就在这一刻，我告诉自己：不行，不能就这样成为被动接受命运安排的奴隶。更重要的是，作为一名必须承担社会责任的企业家，作为一个与千家万户的民生密切相关的企业，我们需要主动做点什么！

在这样的思想驱动下，我立即紧急召开高管会议，并且与大家进行了多次详细的沟通和交流，做出了"请所有回家过春节的高管大年初二立即返程回京"的决定。另外，我在大年初五，给全体员工发了一封公开信。回头来看，这封信具有非常典型的历史意义，一方面它开启了我们主动迎战新冠肺炎疫情的工作篇章；另一方面，它也是我们果多美哲学手册编写的里程碑事件。

第二阶段：新冠肺炎疫情中，我们更需要哲学

直到三年后的今天，当我看到这封大年初五的告全体员工书时，依然还觉得热血沸腾，心潮澎湃。

践行使命、团结一致、
抗击新冠肺炎疫情、保障民生

亲爱的果多美的家人们：

大家好！

我一直在犹豫要不要给大家写这封信，担心由于自己的表达不准确，反而给大家带来了精神负担。随着新冠肺炎疫情的不断蔓延，我今天才提笔给大家说说情况，期望家人认真阅读并领会我的发心。

本来我们计划打赢一次漂亮的春节战役，通过前期大量的动员和准备工作，我相信我们完全有能力可以实现。很多同事也都认为，这是我们准备最充分的一次春节战役，可是新冠肺炎疫情却突然暴发。

我是一名70后，经历过2003年的非典，它刚刚过去不到20年，自己记忆犹新。那会儿我身在核心疫区的广东省担任一家大型超市的店长，刚刚升任店长，本来满腔热情，却遭遇一场如此严重的非典，商场人气荡然无存，业绩也掉到了底。但是今天回想起来，那次经历也带给我心灵成长。

那时我把自己的照片放大贴到超市门口，写上："店总经理与您同在，如有需要请到前台找我"，我亲自广播告诉顾客我们的消毒执行情况，并把生鲜食品摆到一楼的大门口销售，让顾客以最短时间买到民生产品。更绝的是，那时很多厂区被封闭，我把原来的免费接送班车改造成送货车，把11辆中巴车变成移动卖场开进工厂，工友们排队在室外购买，有效保障了人们的民生需求。所有的超市和商业只有我们做了这些努力，最后换回来的是消费者的信任与认可。非典过后我们成为本地最聚人气的卖场，到今天这家店还是如此。

我们的采购徐后阳是我当时的老同事，我们一起抗战过，每每回想起这段过往，意义非凡。一方面感觉自己太无知，当时情况非常严峻，我却不顾自己的死活，居然以不戴口罩的方式，向消费者展示我们的消毒工作是过硬的；另一方面也感慨自己的勇气，为了消费者、为了民生保障努力过，也算是为了国家和民族的利益，奋不顾身地尽过自己的一份心和一份力。

作为一名企业的领导者，我感恩千千万万消费者的选择和支持成就了我们。作为一个人，我更感恩命运让我干了这一行，让我承担着如此光荣而神圣的使命，关系着千家万户的民生生活。我一定尽自己最大的努力为了社会、为了消费者奋斗，也诚挚希望果多美的同人能够与我一起，坚守本分、不负天恩。

这场新冠肺炎疫情全面暴发在春节前后，北京很多基础商业的从业者们，在腊月二十九结束了一年的劳作后，返乡欢度春节，他们短期内很难回京。沿街的商铺几乎是关闭的，一部分的农贸市场、大型商场等公共场所也被限制了营业。

我们的店离消费者更近，面积不大，通风效果好，可以说是方便、快捷、安全的。同行中很多不法商家却恶意涨价，借机发国难财，尤其是口罩、蔬菜的价格更是翻番。本来冷冷清清的街道更给人一种压抑和不安，物价的不断飞涨，更让大家恐慌，各大超市都出现了抢购囤货的现象。

这几天我们的核心管理层都在高速运转，每天有好几个微信会议在不同层面上举行，牢牢围绕两个目标进行，一是最大化保障民生供应，二是最大化保障公司伙伴们身心健康。大家有可能也看到了公司在各个层面的努力，也接收到各种信息。接下来，我想再谈谈具体的部署，希望大家参照执行，我们一起努力，发挥奋斗者的精神，牢记我们的使命，致力于服务社会、致力于成就我们的梦想。

一、民生供应的层面

1. 全国的产地采购按照计划于今天到达各自的产区，掌握一手货源供应及交通运输的情况，期望大家全力与各地市场采购展开有效合作。如果我们不能亲自到现场，也就不可能真实掌握情况。期望大家面对任何异常都不要轻易放弃，多方寻求帮助、多方收集信息，认真利用这两天的数据变化，科学开展我们的计划工作，全力以赴保障我们的供应链畅通无阻。

2. 前天开始，果多美临时增加蔬菜包销售，零利润向消费者提供预定、销售服务，确保供应。截至目前，果多美已经有70家门店开展蔬菜业务。这两天我们的蔬菜门店业绩呈现3倍的增长速度，昨天更是达到了67万之多，2万多人光临了我们30家蔬菜门店，可以说蔬菜的需求被前所未有地放大，果多美的蔬菜经营更是好评如潮。

3. 年后我们预计增加50家蔬菜门店，果多美将以最快速度形成蔬菜品类经营的扩充。这种扩充将带来果多美单店盈利模型的重塑，这是时代的召唤，更是给我们的重大机遇。我们的蔬菜团队要全力以赴确保供应，牢记民生的责任和使命，彻底忘记赚钱的商业思维。我们的门店店长更要在这个时期全力支持好蔬菜的发展，保证高峰期人员的支持，避免因为人员疲惫而带来服务态度差的风险。我不希望我们如此大义名分的发心到最后落下一个吃力不讨好的下场，反而让顾客憎恨我们、讨厌我们。

4. 所有公司人员要高度重视蔬菜包的经营，可以这么说，这种预定制在当前的背景下是顾客非常需要的，我预计未来每天可能超过1万份。但是昨天的定量不佳，主要原因是我们的蔬菜包的定位太自我化，没有考虑到顾客的真实需求。我一直在说，经营是经营顾客的感受，但是我没有真正体会顾客的感受是什么，而是依据我认为的顾客感受轻而易举做决策，这就要了命了，一个没有毛利的蔬菜包居然被人说太贵了。

5. 社群蔬菜包的预定非常重要，本来我们两年的社群工作已经走到了一个瓶颈，也是因为大环境导致消费者对社群的关注力大幅降低，也就是说社群营销已经走到头。但是这一次在群里接龙销售蔬菜，将最大化激起我们群内的互动，我们的店长要抓住这个历史性的机遇，未来果多美群销售有可能因为这个事件变得常态化，我们一直想借助群销售来扩充经营品类的愿望将意外得到实现。

6. 我现在发现我们的门店团队并没有严格按照要求及时投放群信息，更没有按照社群工作组要求来进行群管理和群互动。同时我们还要呼吁更多的消费者，可以发动身边的朋友加入我们的社群，参与我们的民生计划，不要让他们的朋友辛苦在外面寻找购买方式，甚至上当受骗。

7. 我曾经呼吁大家重视三方平台、重视蔬菜经营、重视牛奶。事实上今天看来都是正确的，很多门店也十分后悔没有按照我的要求去重视。现在我再次要求大家重视社群，希望大家能够把握住这个难得的历史机遇，既能引导消费者看到果多美的不涨价、低价保供应的真心，不被一些不法商贩所欺骗，同时一定会和消费者形成更加值得信赖的关系，而且还能开创一个重要的销售渠道。可以说我们是顺应民心、践行正义，也是在奋斗中去实现我们的梦想。

8. 更要重视线上的经营活动，一旦出现爆单，一定要协调人力全力以赴解决，和三方物流保持良好的沟通，尊重外卖小哥，他们也是可爱的人，也是奋斗在抗灾一线的人。相互理解、平静沟通，用玩的心态面对工作的紧张。

9. 现在一些小区已经封闭，这里的居民就更加麻烦，当前是社区在安排照顾他们的生活，请店长们主动联系社区领导，提供力所能及的帮助，包括订购蔬菜、水果、牛奶，提供送到小区门口的服务。大难当前，谁都应该责无旁贷。

10. 各个门店存在着商圈的差异，也存在经营品类的差异，我希望各位店长可以根据自己的实际情况，在社群不断告诉大家自己的特色和担当，比如我们店有酸奶、牛奶、面包、蔬菜、水果，什么时间点营业，什么货源新鲜到店，什么时候消毒、什么时候量的体温等一些有益的事，为避免社会恐慌做出自己应有的贡献。

二、公司伙伴的身心健康层面

1. 这一次新冠肺炎疫情的核心疫区武汉已经采取了封城措施，全国各地包括乡村都采取了严格且积极的防范措施。人们的健康防范意识也较强，一有感冒也会积极就医排查，同时假期期间也尽量居家。

2. 比新冠肺炎疫情更可怕的是人心的惶恐、人人自保、人人提防，信息时代很多人把自己的想象传播为"真实"的信息，还有很多人肆意传播自己的抱怨和诋毁，各个群、各个朋友圈都充实着或真或假的信息，更有不法分子借机炒作流量而虚构信息和小视频。春冬季节，本来就是感冒高发阶段，我们其实可以冷静想想，我们的办公室和门店什么时候没有一两个感冒的啊？可是现在任何人的感冒都被怀疑成病毒感染者，给本人和他人都造成严重心理影响。到目前为止，我们公司有四个感冒的家人，全部被确诊为普通感冒，回到宿舍休息了，请大家关心他们，这个时候他们比我们更难受。

3. 本次春节战役来了很多外地勤工俭学的学生，他们很优秀，在很多孩子还"玩不够"的时候，他们却勇敢地来到北京通过勤工俭学来锻炼自己、减轻家里负担。但是他们毕竟是孩子，是父母的心肝宝贝，家里人的一天一个电话，实际上也造成了他们不同程度的恐慌。他们如果想回去，我们一定要帮助他们做好防护，联系好交通工具，确认好当地的检疫政策，千万不要出现交通不畅，或者他们的家乡被隔离，反而回不去停留在半途中就麻烦了。如果可以，建议他们就地安心住下，反正学校都推迟开学，不如好好地勤工俭学，相信一切都会过去。

4. 任何人一旦出现自我感觉不好的状态，尤其是发烧和咳嗽，建议不要有心理压力，早点儿就医。我在这里承诺，如果我们的同事在北京不幸感染此病，所有的医疗费用都由公司承担。

5. 当前病毒主要是通过"飞沫"传播，公司同人已经多次在群里分享了具体的防范措施，概括起来就是戴好口罩（四个小时换一次）、戴上手套、勤洗手、消毒门店（两个小时进行一次）、清洁宿舍卫生等，只要严格做好这几个基础动作就可以有效防范。当前公司抗疫物资是充足的，我们应该把消毒记录公告出来，把视频定期上传公司群和消费者群，接受公司和消费者的监督就可以，让所有关心我们、爱护我们的人放心。

6. 可能现在我们最大的挑战就是用餐不方便。在这里我要呼吁门店管理组要勇于担当，寻找尽可能多的安全健康的供应环节。呼吁门店的老大哥老大姐们，你们一直是门店的定海神针、灵魂人物，在家也是父母，请你们勇挑重担、多多照顾孩子们，主动为他们做做饭，梳理梳理情绪，让我们门店空气中流淌着爱、弥漫着香。我在这里向所有付出的人表示深深的感恩。

7. 公司所有核心管理层已经提前结束春节假期，并于昨天、今天全部到达北京，各中心总监将分为8个小组，轮番到我们所有的门店、物流和其他工作场所开展支援工作。我本人也将利用这几天走完所有门店，希望小伙伴们有什么困难及时向我提出来，我一定在一线和大家战斗在一起。

8. 呼吁全部休假在家员工（除了湖北的员工以外）立即安排行程回到北京，否则一旦封城你们不一定能够在短期内回来，回来以后可以自行居家（宿舍）办公学习三天。总部的同人要服从安排到一线去支援，公司短期内不安排集中办公。千万要记住，出行时注意防护。门店人员紧张，大家也很疲惫，需要替换休息，这也是我们必须共同担当、共同面对困难的挑战。

9. 希望我们的店长、区域经理更有担当，尽可能最长时间待在门店和员工战斗在一起。希望任何人不要草率地散播负面情绪，有问题一定要相互理解、相互团结、相互帮助，主动承担。更不希望我们的队伍里出现自私自利的"逃兵"，置我们的顾客于不顾、置民生于不顾、置团队于不顾。果多美有着优良的传统，果多美人都是朴质、肯干、奉献、感恩、团结的奋斗者，希望大家继续保持。

以上，请各中心、部门、门店、班组组织集体学习、理解，并根据自己的具体情况制订相应的工作计划，各团队头狼和HRBP（人力资源业务合伙伙伴）辅助团队督促落实情况。

希望所有人参与正能量分享，把我们身边感人的故事告诉所有的家人和顾客，让我们所有人在这个寒冬里得到心灵的温暖，我们一起努力！

牢记"作为人，何谓正确？"牢记我们的使命和责任！牢记我们的梦想和爱！

疫情就是命令，防护就是责任！

消杀全面升级，蔬果平价供应！

致敬所有果多美坚持奋战在一线的家人们！

在这场没有硝烟的战争里，信心与大义成为抗击疫情最好的"疫苗"，隔绝病毒，但没有隔绝爱！

面对疫情,让我们众志成城,共克时艰!

中国加油!果多美加油!

张云根

2020年1月29日 于北京

之所以将这封信全文收录,是因为这封信在当时的确起到了非常大的作用。它像一声号角,开启了果多美人主动抗疫的新篇章。大家尘封在心底的责任感、积极性和热情就这样空前地被激发,很多当时正在休假的员工不顾父母家人的反对,纷纷主动要求回到北京,回到门店,跟小伙伴们一起投入战斗。接到四面八方传来的请战令后,留在北京的同事们也受到了极大的鼓舞,以更大的热情投入到了挑战和战斗。

为了让离北京不算太远的外地小伙伴们能够顺利返京,减少路途风险和因管控带来的交通压力,公司号召有车的同事一起帮忙,用自己的私家车接北京周边的同事进京,我记得当时我们走到了河北、河南和山东等地,一共出动了37次同事的车,接来了189位小伙伴。

事实证明,这一举措无疑是正确的。等到防疫政策越来越紧时,外地进京也越来越难,如果被动地等待或者观望,我们根本无法应对后面因为封控带来的经营压力。尽管后期因人手极度紧缺带来的经营压力远超我们的想象，但是至少那时，这些逆风而上的可爱员工们的义举和前所未有的团队精神让我们的心里有滚滚的热浪在翻卷。

随着时间的流逝，北京的疫情态势益发严峻，每天不断上升的病例数给各行各业都带来了巨大的负面影响。在政策要求和安全担忧的影响下，很多行业和企业难以持续，大量商场商店也被迫歇业。但与此相反的，由于民生行业的属性，果多美不但没有关门，反而比过去更加繁忙。那段时间巡店最常见的景象是：空荡荡的大街上，几乎没有店铺在营业，只有果多美门店门口在排着大长队……

在这种场景下，员工的辛苦程度可想而知。一方面，虽然有一部分员工赶回了北京，但仍有很多春节回乡过节的同事滞留在老家进不了京，而当时根本已经找不到新的员工来上岗；另一方面，始料未及的门店爆火状况，即便是原来员工的正常编制情况都会应接不暇，更何况是大量人员不到岗的情况？

所以，生意爆火的同时带来了巨大的用工压力，但我们的员工在彼时彼刻所展示出的品格直到现在都让我热泪盈眶。因为无人换班，有的员工就睡在店里，连续工作十多个小时，如果实在太累了就回后场的小办公室休息一下，醒了就继续干。我清楚地记得，当时有个店长连续工作二十多天没有回宿舍，每天的工作时间超过15小时……

作为一名企业的当家人,我打心眼里感谢这些可敬可爱的孩子,是他们的善良和坚韧帮助企业渡过了一次次难关。不得不说的是,坚持读哲学并打卡这件事在整个抗疫过程中起到的作用不可磨灭。

自从大年初五发出了那封信后,果多美的哲学读书打卡活动也进入一个新篇章。由于环境发生了剧变,原定的哲学探索之路一瞬间就遭到了严重挑战。正如前文所述,我们一方面应对着史无前例的门店经营压力;另一方面人手又严重紧缺,新冠肺炎疫情还在不断带给我们员工心理压力。在这种前提下,每天还要拿出那么多时间来读书打卡,仿佛就显得有点那么不合时宜。我听到不少同事在反馈,这么紧张的时候,干吗还要搞这么虚的东西,等新冠肺炎疫情结束后再读再写不行吗?

对于大家的疑惑和焦虑,我是完全理解的。说实话,我也曾经有过犹豫和纠结,看着大家那么辛苦,也不忍心增加大家的工作量,但是基于前面十来天的读书感受,以及在催发我给员工写信的内心动因的驱动下,我下意识地感觉到,读书打卡这件事不能停,不仅不能停,还要更加认真地去做。因为我已经隐约地意识到,它绝不只是一个任务,而是真正能够帮我们渡过难关的救生衣。

事实也真的证明了这一点。后来很多当时参与读书打卡的同事告诉我,当我们每天咬牙坚持工作一天以后回到家里,翻开已经被翻得有些旧的书页,与稻盛先生隔着时空对话,感受老人家的智慧时,焦灼的心就会慢慢安静下来。并且常常在细细揣摩稻盛先生的话时，突然感同身受，进而被注入了满满的能量：哦，原来稻盛先生也曾经有过那么艰难的经历啊！可是看看他的心态多好啊！我也要这样！原来我面对的这些困难稻盛先生也有过类似的体验，他的处理方法真好，我也要学习……

"爱、真诚与和谐之心""怀有感谢之心""保持乐观开朗""为伙伴尽力""贯彻完美主义""脚踏实地、坚持不懈""自我燃烧""把自己逼入绝境""把利他之心作为判断基准"……就这样，这些现在说起来已经烂熟于心的一条条平实而又充满了温度的条目，在我们日复一日的学习中变成了一个又一个闪烁着智慧之光的灯塔。我们学习它、领悟它、对照它、运用它，就是在这样学习、领悟和内化的过程中，我们写下了一篇又一篇充满真情实感的打卡日记。而且不可思议的是，它们真的像具备了魔力一般，每当学完以后，总是能在第二天或者几天后发现几乎一模一样的情境，而原本可能不知所措的我们，却因为有了这些思想的洗礼，收获了一把金钥匙，很快就能找到正确答案。

最重要的是，因为学习了这些闪闪发光的充满正能量的句子，我们的心里始终充满了利他、感恩、一心向善、勇往直前的热情与勇气。辛苦算什么，我们不怕；别人后退我们上前，可我们一点都不怕，因为我们有公司做后盾，我们有伙伴可依靠，更重要的是，我们还有一道闪着金光的护身符，那就是我们学习哲学后发现的秘密：良知原来可以抵御恐惧。

这段时间发生的哲学与现实相互印证的故事实在太多，我会在本书的后续章节进行阐述。此时此刻我最想说的是，多亏我们把读书打卡的时间放在了此时！如果没有这八十天的读书打卡，没有这八十天与稻盛先生的神交，果多美的抗疫之战，一定会比现在艰难得多。难道这是因为我一直"用纯洁的心灵描绘愿望"以及"怀有渗透到潜意识的、强烈而持久的愿望"（想要为顾客、为企业、为员工做点事情的愿望），才会在如此正确的时间、正确的地点，让我遇见了亲爱的葛教授，才有了今天的"心想事成"？

小时候，我最喜欢读的一本书就是法国作家凡尔纳的《八十天环游地球》。而今，我也带着我的所有员工完成了一次不啻环游地球的心灵之旅。我坚信，无论岁月再怎么变迁，这段时间都是我和所有果多美家人人生中最重要的经历。

每周二的傍晚集结令

再次回顾了那让人热血沸腾的八十天难忘之旅后，我想再聊聊第一轮打卡结束之后我们第二阶段的做法。

在打卡过程中，我们的同事慢慢体会到《京瓷哲学》读书打卡的非凡意义，它不仅仅提升了自身，更重要的是也让组织、让团队达成了哲学共有。在很多认知和意识上，达成了共通，对于团队的融合大有裨益。就像我之前讲的，在共同价值观、思维方式和行为方式的形成上，哲学打卡给予了我们巨大的帮助。

为了让这样的成长与变化惠及更多的伙伴，第一批参与打卡的同事们一致同意，由我们成为"火种"，带领更多的人去体会《京瓷哲学》的美好，并让它更好地指导我们的工作。于是由我们这几十位同事分别带队，带领全公司100多位店长和公司级的骨干，组织了很多读书小组，由我们第一轮打卡的同事作为领队，引导大家进行第二轮《京瓷哲学》打卡。当时新冠肺炎疫情已经得到初步控制，我们也有了相对更多的时间，为了巩固我们前期打卡的成果，以及向后来者更详细地传播稻盛的哲学理念，在葛教授的建议下，我们还组织了每周一次的线上分享报告会。

每周二晚上是我们的哲学打卡报告会时间。在报告会上，我们会邀请所有参加过和正在参加打卡的同事一起参加，由公司培训总监亲自担任主持人。每次都有优秀的打卡代表分享他们的打卡内容和感悟感触，并且还有嘉宾的分享和点评以及我最后的总结和展望。最吸引人的环节其实就是那些非常有代表性的打卡同事的分享。他们一个个详细分享打卡的体会，从最初的不理解和表达困难，到中期的慢慢顿悟，再到后来的恍然大悟和熟练应用。说实话，每一次报告会，我听下来都觉得获益良多，我才发现，这些孩子们竟然是这么可爱，又可期！

表4-1　葛教授打卡点评节选（2020年6月3日）

	25. ◇把利他之心作为判断基准		
序号	优秀案例	亮点	分享人
1	2020年2月9日《京瓷哲学》【把利他之心作为判断基准】 【企业检视】 新冠肺炎疫情防控期间，很多商家在刻意哄抬物价，或者抬高物价，趁机可以说是发国难财，这个时候果多美的水果、蔬菜的经营更是违背商业的经营逻辑，低价、打折、促销售卖，为的是什么？就是心中有一份大爱，特殊时期北京本来果蔬供应就困难，需要大于供应，如果这个时候我们再和其他商家一样就会制造更多的社会恐慌，就会让更多我们的员工在这个时候容易学坏，挣一些我们这个时期本不该挣的钱，心中有爱，心中有国家，心中有百姓，我们的一切来源都是来源于这些顾客，这个时候我们就应该利他，回馈消费者，让大家在特殊的时候能够从生活上、心理上减少恐慌，感恩公司的这次伟大决定，以实际行动去践行利他这种大爱！	【超越商业思维的行动，必带来超越商业的结果。这是至善的动机，是商业伦理的"道义论"，而非"功利论"。种善因，果多美！】	丁神超
2	2020年2月9日《京瓷哲学》【把利他之心作为判断基准】 【企业检视】 从大年初一开始，民生需求物资大量增加，尤其是蔬菜的需求出现囤货情况，价格上涨。在张总的带领下，果多美的蔬菜不仅不涨价，还增加了临时售卖的店面，方便老百姓购买的便捷性，价格也比外边便宜很多。同时，由于购买蔬菜的顾客很多，公司又快速确定限流，测量体温，对顾客负责，对员工负责。现在，顾客对于果多美的认可和赞扬有了很大的提升。非常时期，有的顾客把消毒液送到店面，有的顾客到店面表扬店长、员工。爱出者爱返，福往者福来。	【验证了利他哲学的威力，坚定了信念】	杨娟

(续表)

25. ◇把利他之心作为判断基准

序号	优秀案例	亮点	分享人
3	2020年2月9日《京瓷哲学》【把利他之心作为判断基础】 【企业检视】 在我们零售这个行业里，难免会出现强买强卖的现象。记得有一次我在一家门店遇到的一件事，当时车厘子售价39.9元/斤，有一个老顾客进门之后就对促销员说："车厘子降价了，给我装2份，每一份里装2斤。"说完之后就去买菜了，可是这个促销员几乎每一份都装了将近4斤，顾客结账的时候发现这么多，促销员说降价了，多买点儿，虽然顾客没有让拿下来还是结完账走了，但是我们要想一下，我们的发心是不是自私的，为了自己能完成目标，为了企业能赚到钱。 反过来给顾客装了这么多的车厘子，第一，顾客要付多于自己预算的钱；第二，买回家一时半会儿吃不完就会不新鲜了，甚至到最后顾客还会扔掉一些，这是不是就是我们没有站在"利他"的角度为顾客着想，所以不管做什么事，都要放下"利己心"，站在"利他心"的角度出发做出判断。	【案例贴切、分析深刻】	王宁宁
4	2020年2月9日《京瓷哲学》【把利他之心作为判断基准】 【企业检视】 春节期间，新冠肺炎疫情严重，顾客恐慌，大肆抢购蔬菜。洋桥旁边的竞争对手当天坐地起价。我得知消息后第一时间联系丁总，询问我们价格是否会有大的变化，得知不会有变化时，我深知公司的价值观，让店长赶紧打印公告，一方面警醒顾客千万不要盲目采购，我们保证平价供应；另一方面让顾客能够减少恐慌给予顾客信心。事实证明，竞争对手遭到投诉，被停业整顿。我们反而变成了顾客更加值得信赖的伙伴。	【印证了坚守价值观的必要性】	陈雨雷

（续表）

25. ◇把利他之心作为判断基准

序号	优秀案例	亮点	分享人
5	2020年2月9日《京瓷哲学》【把利他之心作为判断基准】 【企业检视】 一场新冠肺炎疫情打乱了春节的节奏。离京人员无法及时返京开工，恢复民生供应。在根哥带领下，果多美管理层一致决定，果多美要保民生，稳定市场，我们要上蔬菜项目，要平价供应蔬菜。一夜之间果多美50多家店供应蔬菜。在新冠肺炎疫情面前，果多美想的不是要利用现有资源来挣钱，来补一下因为新冠肺炎疫情给公司造成的损失。果多美思考的出发点是要利他，要保民生，承担企业的社会责任。	【印证了领悟哲学非常透彻】	许欢

真心感恩葛教授的倾情投入，在整个读书打卡的过程中，葛教授不仅全程陪伴，还不厌其烦地对我们每个人的每条打卡都进行了认真点评，有时候想想这样的工作量，我都觉得钦佩不已。就连每周二的报告会，葛教授也全程参与，教授对我们的付出让我真切体会到了一位德高望重的师者最深厚的气度和涵养，或许，在葛教授看来，这是他对"作为人，何谓正确？"这一条目内涵的践行，而在我们看来，这恰恰是教授在用自己的言行将"利他"主义在实践中做了最完美的展现——感恩付出大爱的葛教授！

之所以做这样的报告会其实也是有原因的。当时新冠肺炎疫情已经有所控制，果多美全员因为特殊事件形成的勠力同心的心理有所松懈。第二批参加读书打卡的伙伴中，大部分是经理级及以下的中基层同事，因为缺乏对条目的验证，理解上也不如第一批同事那么深刻，再加上面临着更为有组织、有纪律的打卡约束，难免因不理解而出现一些逆反甚至懒惰的心理。在各方面的原因下，部分同事出现了跟不上打卡节奏的情况，伙伴普遍觉得压力较大。

通过每周二报告会的分享，一方面让大家感受到了打卡的意义和重要性，感受到优秀者在打卡过程中的进步和成长，也让大家升起觉知，坚持打卡不掉队；另一方面，通过我们及时的复盘与总结，帮助一些有退缩情绪的员工调整心态，给他们稍显疲惫和动摇的心，持续注入一波又一波的能量。

我们的第一轮读书打卡行动最终只有几位同事进度上没有按时完成，但最后都顺利完成。第二轮打卡行动也是一样，尽管有个别同事没能按时完成，但都在不久后拼力补齐，最终打卡完成率都达到了100%。说实话，这对我们大多数学历并不高且在工作中很少提笔的店长来说，真的是一个非常了不起的成就。而之所以能够取得这样的成就，我认为每周二的报告会起到了关键性的牵引和带领作用。每周一次的复盘和总结让大家及时发现和提升，既不至于迷失方向，也不至于被自己的惰性或者被个人意识所牵引和影响。当然更重要的是，阶段性的学习、复盘和总结恰好起到了"温故而知新"的作用，及时延续了哲学带给大家的触动与力量。

如何开一个别开生面的打卡报告会，我认为也是"原浆勾兑"中重要的一环。下图便是报告会举办的形式以及流程,供大家参考。

第五次哲学打卡报告会

《京瓷哲学表彰会》流程

1. 时间:4月16日(具体时间待定)14:30-16:30(最迟17:00前结束)

2. 直播平台:腾讯会议(可下载APP,也可通过邀请码进入直播间)

3. 对象:京瓷哲学一期、二期全体学员(53+221)

表4-2 哲学打卡报告会流程表

序号	时长	项目	内容	负责人	说明	备注
1	5分钟	主持人开场	1.一期学习回顾	主持人	第一期学习回顾——照片、视频等(PPT形式展现)	第一期学习的意义和总结
			2.葛教授介绍	主持人	葛教授简历、照片等(海报形式)	介绍我们的指导老师,增强第二期学员对葛教授的认知与了解
2	10分钟	发言	葛教授发言	葛教授	主要是对第一期整体完成的感想	提前对接葛教授发言内容
	10分钟		根哥发言	根哥	哲学学习的升华及引出我们的奖项	也是对哲学学习的总结

第四章 涅槃:果多美哲学手册诞生记

（续表）

序号	时长	项目	内容	负责人	说明	备注
3	5分钟	第一期京瓷哲学表彰名单	三好学生标兵——点赞数量前十名	张云根颁奖	揭秘获奖名单（王晶揭秘奖励规则，颁奖嘉宾宣布名单）	提前准备获奖的头像、证书
	5分钟		学习效率标兵——打卡最及时	赵老师颁奖		提前准备获奖的头像、证书
	5分钟		最佳团队奖——小组最先完成打卡	皮哥颁奖	—	证书
	5分钟		精英团队奖——获赞最多的团队	东哥颁奖		证书
	5分钟		最佳队长——获赞最多的队长	葛教授颁奖		证书
4	30分钟	优秀代表读书分享	优秀代表读书分享	获奖人	分享：4位同学，每人5分钟；采访：娟姐、陈总、盈姐，2分钟/人内容大纲、采访问题	发言顺序要做一下设计：郑莹莹、李东、赵老师、王宁宁

（续表）

序号	时长	项目	内容	负责人	说明	备注
5	10分钟	下一步工作安排	发布第二期学习计划	王晶	《果多美第二期哲学手册学习班读书打卡制度》	1. 当场发布读书打卡制度 2. 随后发布各组打卡模板 3. 为每一位组长发送3个工作需要的模板
6	5分钟	一、二期文化传承和交接	–	王晶	传承的仪式感设计	–
7	10分钟	二期学员发表感想	–	王晶	8个人，名单提前收集上报[邢海洋、刘三琴、宋星星、宋振江、于海生、田瑞峰、张彬彬、陈龙（群华里）]	提前选好8个二期学员
8	30分钟	总结	表彰大会总结以及对未来的期许	张云根	–	–

青岛之旅的思与悟

第二次哲学打卡结束以后，我们应葛教授的邀请，去葛教授所在的美丽青岛，找了一家很有特色的禅舍，进行果多美MVV的研讨。MVV就是指使命（Mission）、愿景（Vision）、价值观（Value）的统称。我们这次研讨的主要目的就是找到果多美的使命、愿景、价值观，并通过研讨把它明确出来。

去青岛进行研讨的是我们公司核心的几位高管。说实话，禅舍既给我们提供了很好的物质条件，又提供了很好的精神氛围。当我们穿上禅服，在禅意禅修中进行思想碰撞和研讨时，这样的氛围让我们可以静下心来思考问题。所以当时的环境和安排非常贴合我们的初衷。

当然更重要的是整个研讨的过程。可以这么说，过程就是一场非常激烈的头脑风暴，我和高管之间展开了非常激烈的讨论，甚至是争论。我们在整个MVV的讨论的基础是SWE分析[①]。S是文化优势、W是文化劣势、E是环境要求的新文化，其过程体现为三个模块。

第一个模块就是研讨过去有哪些文化确保了我们的成功，或者说我们的成功是源于哪些文化？这个模块我觉得非常好，企业之所以能够活下来走到今天，一定有它的文化在支撑。比如说果多美有朴实的文化，有"三个无忧"的文化，为北京卖菜的文化等。把过去成功的文化影响总结出来至关重要。这种经验对于未来难能可

---

① 详见葛树荣：《稻盛经营哲学解析与导入》，东方出版社2022年版，第300—309页。

贵，是我们创业成功的法宝，所以不忘初心，实际上还是不忘这些文化，坚持这样的文化。基于这样的思考，我们当时才明显感受到，果多美创业至今居然有这么多的优秀文化正在被稀释，甚至被遗弃，所以我们要把这些文化捡回来，归置好。这些非常有价值的回顾和思考，我在本书第二章进行了详细说明。

第二个模块就是我们研讨未来我们到底需要什么样的文化来支撑？要解决果多美现在面临的一些问题，未来我们需要什么样的文化来进行针对性的解决。这个也是非常重要的。所以文化不是空谈，是要解决问题。也正是由于对这些内容的不断反思与讨论，我才真正意识到企业文化建设不是锦上添花，而是非做不可。这些思考与总结，我写在了本书第一章。

第三个模块就是当前的宏观微观环境带来的机会和挑战。其背后逻辑，也就是SWOT分析，围绕机会、挑战、威胁和劣势，我们进行大量的分析和研讨，并有了更加清晰而笃定的结论——"利他"是企业可持续发展的底层逻辑，这部分思考，我在本书第三章进行了梳理和总结。

我觉得任何一个企业都是生存于社会大环境之下，脱离了大环境，企业实际上是无根的。企业要做出与社会背景相匹配的选择，解决社会的痛点、解决顾客的痛点，这是企业存在的价值。所以我们也是做了很多的研讨。我也在会议上将思考和大家做了充分交流。当时我们争论很激烈，但是成果非常显著。

我们把果多美的使命定义为：果多美为什么存在？

愿景定义为：我们要走到哪里去？

价值观定义为：我们做人、做事、做企业的是非标准和重要性排序。

说实话，这几个核心问题不搞清楚，企业文化就没有开展的可能性，也就无法进行文化再造和文化重构。因为这是基准，要做文化，先要定好基准。

必须说明的是，在整个讨论的过程中，我惊奇地发现，我对果多美文化的认知，和东哥对同样一件事情的认知，竟然会发生无数次的碰撞和不统一。我记得最清楚的是，当我们讨论到"有话直说"这个条目时，东哥对我说："'有话直说'这件事，在果多美的历史中其实是有着负面意义的，因为太直接，导致很多同事接受不了，所以在未来果多美的文化中，我们不但不能大加宣扬这个理念，更应该考虑的是如何从相反的角度来告诉员工，解决问题的方法有很多种，直接批评和给予负面评论却肯定是最差的一种。"

类似这样的争论在那几天里发生了很多次，也带给了我不曾有过的感悟。一方面，我发现，即便是关系如此亲密的高管，对同一件事的认知和感受都是如此大相径庭；另一方面，东哥的很多话确实也给了我很多启迪，一件事总有不同的解读，而解读的背后一定有它存在的原因，这恰恰是我们剖析自己的路径。

后来，关于"有话直说"这一条，我们最终改成了"有话直说，有话好好说"，前一句说明的是同事之间的真诚发心，而后一句却告诉我们即便是发心至善也需要采用科学的方法。这是我们争论后的成果，也是为了结合本公司实际情况，将《京瓷哲学》在果多美落地而做的改进成果。

当然，无论讨论的过程如何激烈，结论却是出奇地统一。第一个结论是这本手册太及时，第二个结论是，这样的研讨过程本身就是一个思想统一的过程。想要将全公司员工的思想和价值观统一，先从高管开始。

图4-3 青岛之行诞生果多美第一版MVV

当然，除了研讨的内容和流程，我觉得这次在青岛进行MVV研讨的模式以及场地的选择，也至关重要。如果不是一套非常严密的、有体系的研讨，我们无法得到MVV的核心内容。当然如果没有禅舍营造出来的研讨场能，我们也不会彼此敞开心扉，表达出最真挚的内心世界。

这次青岛之旅基本确定了果多美的 MVV，同时对我们自己也是一种加持。回北京的列车上，我整个人都非常兴奋，因为，我已经看到了哲学手册的精神内核，整个哲学体系搭建的曙光，就在眼前。

更重要的是，通过这次青岛之行，我们对本次哲学手册编撰的定位有了一个清晰的共同认知，即进行哲学之路的根本目的就是为了解决我们果多美员工的问题，即帮助他们，让他们实现"物心双丰收"——为了将这份最真挚的情感表达得更加清晰和准确，我们参会的几个人进行了多次头脑风暴，字斟句酌，最终凝练出一句话来表达我们最真挚的情感：

为奋斗者提供公平、公正、公开的成长平台，让他们获得丰厚的回报及一段值得回味的人生！

这是我们发自内心想要为员工做的事。我们由衷相信，只要员工获得了物心双丰收，企业的回报也就自然顺便而来。

当然，站在员工的视角，我们也有理由相信，在通过三公平台实现双丰收的过程中，员工也会实现自身的升华与价值，在不断努力精进的过程中发现"利他"与"利己"的关系，最终实现从利益顾客到利益自己的双赢目标。

果多美的 MVV1.0 版本

[信念]

种善因 果多美

[使命]

1. 为奋斗者提供公平、公正、公开的成长平台，让他们获得丰厚的回报及一段值得回味的人生

2. 让天下人享受水果好生活，更便利、更新鲜、更实惠、更健康

3. 引领水果文化，推动水果产业健康发展，造福天下民生

[愿景]

1. 一家充满阳光的企业

2. 一所安身立命的成长大学

3. 一个以水果为核心，传播经营真谛的生态圈

4. 一处情有所依、心有所归、立根铸魂的精神家园

[价值观]

1. 员工第一、顾客至上（企业价值观）

2. 善团结、敢挑战、勇担当（做事价值观）

3. 懂感恩、讲诚信、有激情（做人价值观）

[企训]

感恩自然 觉醒生命 无我利他 向善向上

一群人的闭关和涅槃

第二次闭关，我们邀请了几乎所有果多美核心高管和一批非常优秀的来自一线的中基层管理者共同参与。这一次闭关研讨，最大的收获有两个：

一是确定了果多美哲学手册的主题及内容

MVV研讨完成以后，接下来就需要对企业哲学手册的框架以及具体的条目展开研讨。说实话，我们高管层面能把MVV想明白，但是具体条目以及它的框架，当时还是缺乏信心的。因为最终哲学手册需要在员工中推广落地，如果手册不能帮助员工解决问题，最终依然是空中楼阁，这就真像之前有些同事所担心的那样，变成了务虚的东西毫无作用。

基于想更多听到来自基层的声音，并与他们借机进行"哲学共有"的目的，我们组织了以门店店长为核心的研讨团队总共有五六十人，集中在北京密云，一个远离城市喧嚣的度假酒店进行闭关研讨。参与研讨的店长已参加完第二次《京瓷哲学》打卡，因为有了打卡学习的基础，对于哲学的理解也有了很多深刻体会。

整个研讨会我们采取的是引导式研讨。引导和开放是研讨中核心的特色。具体到形式上就是抛出几个关键的问题，由大家进行开放式的研讨，用集体智慧进行共创，记得当时我们拿出来讨论的几个核心问题是：

1.《京瓷哲学》打卡有没有用？有什么用？

2.《京瓷哲学》打卡帮助店长解决了哪些问题？具体如何体现？

3. 目前看，哪些问题依然存在？这些问题的根源是什么？

这些问题的研讨让大家深入地对《京瓷哲学》打卡的整个过程结合工作实际进行了思考，现场很多人发表了自己在打卡中的感悟，也具体分享了自己的问题是如何被解决的真实案例。在深刻的剖析中，大家达成了一致的共识：哲学手册太有用了，我们真的需要一本属于自己的哲学手册。

明确了必要性以后，我们开始进入正题，也就是未来我们自己的哲学手册应有的框架，以及收录哪些条目才对果多美的员工最有益处。这是本次研讨的核心议题，所以为了保证研讨效果，我们在会前就对如何研讨进行了结构上的设计。

讨论以分组的方式开展，每个小组的组内成员都是提前规划好的，既包含门店一线店长，也包含总部高、中、基层人员，既有参与第一轮打卡的早期核心成员，也有参与第二轮打卡的后起之秀。这样充分考虑了小组成员的科学性和多样性，以便于不同层面、不同阶段参与的同事一起共创出适配范围更广的答案。

因为研讨的具体场所、各组开展方式等均给到更大的自由度，所以在大家研讨的过程中，我感觉走到哪儿都会看到一群人围在一起，或慷慨激昂，或低头沉思，或开怀大笑，但无论哪种情状，都能看到大家无一例外地投入其中，并倾尽全力地为公司哲学手册出谋划策。

研讨的过程非常热烈，结果自然也精彩纷呈。每个小组对于手册框架及所期具体条目内容的展示都可以用"匠心独具"来形容。由于都是来自一线的声音，所以言之有物、言之有据，拿出哪一个都让人觉得爱不释手。最终，我们采用了最原始也是最公平的方式，由在场所有人投票选出自己觉得最符合果多美土壤的哲学框架及内容。

当然，确定基本框架并不是结束，在后来的研讨中我们又几经碰撞和迭代。由于我们的初心就是要帮助店长解决问题，所以能让店长看懂和可操作就成了选择内容的核心要素，最后形成了以日航版本为参考模板的模式，核心原因就是它更简洁、便于理解和操作。

最终我们，将手册的主题名称定为《果然不凡：果多美奋斗者成长手册》。这个主题的关键字是"果"和"凡"，前者指代"水果行业"以及"果多美"，后者包含"平凡"与"非凡"，而通过这个主题最想传递的关键含义在于"从平凡到非凡"。我们是卖水果的，很多员工觉得自己是平凡得不能再平凡的普通人，因此我们想告诉员工，即便是最平凡的卖水果的果多美人，也可以通过自身的努力创造出不平凡的经历和人生！成就果多美，改变你我的命运。

在具体结构上，我们把手册分成了三个板块：

第一个板块是做人篇，核心是"向善"。

想要从平凡走向非凡，学"做人"是我们人生的必备功课。那么我们该如何做人？其实已经有很多员工给出了答案。在果多美的发展历程中，我们见证了很多的普通人，通过自身努力获得了成功。而他们的成功无一例外都和其本人具备正确的价值观、与之匹配的能力以及不断付出热情有关。所以结合大家对成功的渴望，以及工作中的实际验证，我们将"成功方程式"作为开篇，开启引导员工正确做人的起点。

人生·工作的结果=思维方式×热情×能力。

对我们来说，正确的思维方式有两个，一是向善，就是做人；二是热情，就是向上，不成功绝不罢休的激情。而能力是在前面这两个要素走在正确的路上以后才会产生作用，因为随着时间的累积，能力会与日俱增。

除了成功方程式，在这个板块中我们收录了"从'利己'到'利他'""以阳光心态与周围相融""对身边的人和事常怀感恩之心""谦虚对己、坦诚待人""每天都要回顾反省""自律才能自由""相信的力量"这 7 个条目。它们都是经过大家研讨后，认为我们果多美人最应该具备的做人的引导。

第二个板块是做事篇，核心是"向上"。

想要从平凡到非凡，光有一颗向善的心，光有正确的方向和价值观还不够。努力的过程也必不可少，还需要有真正落地的行动指导。

因此，在这个板块，我们结合果多美人现存的状况，提出了"突破自我，走出舒适区站上更大舞台"、"爱上工作"、"精益求精，在平凡中创造非凡"、"自我燃烧，成为团队中的灵魂人物"、"认认真真地过好每一天"、"能力要用将来进行时"和"在学习和实践中提升能力"这 7 个条目，这些条目既是对果多美人过往工作观和做事原则的总结，也是对满足未来工作要求必须具备的能力的期望。我们期待当员工读到这些内容时，既觉得这些内容恰恰是我们正在做的，又有信心将它们做得更好。

第三个板块是经营篇，核心是"伙伴、顾客和经营"。

经营篇的内容细分成了"我们共创果多美"、"顾客成就果多美"和"经营强健果多美"三个部分，分别从对伙伴、对顾客和对公司经营三个角度阐述了如何经营的指导方针。像前文说过的"有话直说，有话好好说"就被列入了"我们共创果多美"中对伙伴的沟通初心和表达方式的内容。而"顾客至上主义""把对让给顾客""总是不满意的顾客,是请也请不来的高级免费质检员"等条目被放在了"顾客成就果多美"的篇章内,这也是针对果多美的痛点做出的梳理。"用良知经营企业""树立高目标""销售最大,费用最小,时间最短""贯彻一一对应的原则"等条目是直接从《京瓷哲学》中借鉴的原条目,因为这些内容对我们的经营起到了非常大的提醒,也有很强的触动。

经营篇三个核心的内容加在一起一共有25个条目,每一个都是挑之又挑,选之又选出来的,是让我们最心动的内容。

就这样,经过数月的沉淀和积累,我们的哲学手册终于有了一个突破性进展。框架的确定,内容条目的确定让所有人的兴奋之情溢于言表,这就是我们要的企业文化,这就是果多美需要的企业哲学!虽然具体的条目解读还没有成型,但一张美好的蓝图已经在我们的脑中徐徐拉开。

二是闭关研讨这种形式带给大家的成长

除了对哲学手册内容的研讨,我还想着重说说关于闭关研讨的几点。

首先,闭关让我们更加深刻理解时间管理的意义。时间管理中的"时间矩阵"和"二八原理"我们都耳熟能详,但能够真正找到"重要不紧急"象限且用80%精力去完成它的行为却并不多见。

作为管理者,我们在生活中、工作中有很多重大的事情要进行处理，但是又被日常事务所牵扯，总觉得自己找不出特定的时间去完成。事实上通过闭关我们发现，那些看似没有做的工作，最后发现其实也并不重要，我们的闭关人员几乎囊括了全公司的所有高管和核心管理层，但公司的运营却并没有因为我们的缺席而受到影响，这就是最好的例证。我们全力以赴地做了"重要但不紧急"的事情。

其次，闭关环境确实更加便于思考。一个不受外界干扰的独特环境能够让重大问题的思考和决策更有效。这件事情，我在最近几年的工作中非常有感悟。

这些年我已经开始养成了一些闭关学习或通过闭关的形式对大事进行思考决策的习惯，并将这个习惯带到了工作当中。比如公司年度战略研讨会、定期学习会、个人定期闭关思考等。通过验证我发现确实有效。因为它能够帮助自己进行定期反思和觉醒，长期保持这种定期的状态，对于觉知力的培养会非常有帮助。

高管认知的共通，是文化落地的必经之路

正如前文所提到的，我们几位核心高管在青岛进行闭关探讨公司MVV时，我和公司副总东哥关于其中很多条目的意见非常相左，以至于发生了非常剧烈的争论。这件事情给了我很大的提醒，那就是，公司的文化不是我的，而是公司每个人的，因此每个人，尤

其公司高管对文化的认知认同则是一件非常重要却又非常难办的事情。东哥是我在公司最亲密的战友，也是关系很好的朋友，他都与我的想法不能完全匹配，更何况其他人，更重要的是，东哥是愿意也敢于把自己的想法表达出来的高管，估计还有很多高管就算不赞同，也不愿意把意见直接表达，而一旦高管的认知不统一，就会给文化建设工作带来更大的压力。

高管对文化的共通和认知达成一致很重要，在我看来主要有两个原因：

1. 从文化形成的角度来看，公司不是我个人的公司，公司的文化是大家共同价值观和行为方式的体现，只有大家的核心价值观和行为依据一致，文化才能算是真正的企业文化。

2. 从文化传播的角度来看，每个高管都负责着公司的一个板块，文化形成只是开始，真的想让文化产生价值，落地其实更加重要。而在传播落地过程中，这个团队的领导者起到了非常重要的作用，如果一个团队领导都不认同，那么这样的文化是不可能真正得到传播的。

基于上述思考，为了让高管的认知达成一致，我尝试着做了如下的工作：

1. 努力让高管承担更多的决策，理解文化的内涵

由于我本人是从经营一线成长起来的背景，导致我一直对公司经营有着浓厚的兴趣和自己的见解，以至于就算到了公司的领导决策层，还是会忍不住对经营问题发表意见和看法，甚至给出最终的决策意见。大家也都习惯了虽然会有自己的想法但可以等着张总拿决策的思维方式。

但是在哲学手册编写的过程中，我越发深刻地意识到，光靠领导者一个人的力量不可能拉动整个公司的发展进程，只有所有人尤其是核心管理层都能具备跟我相似的能力和水平，才有可能带着公司走到更大更强的境地。更重要的是，也只有我们的思想观念相通，思维方式一致，大家的能力和水平也才能得到完美的释放。

正是出于这样的考虑，从青岛回来以后，我便开始刻意地让自己在高管开会时尽量少发言或者不发言，而把决策的机会留给我们的高管，我这样做的目的有两个，一是让大家在决策权增加以后变得更自信，敢于把对文化条目的不同理解和盘托出；二是让大家在承担更大的责任时，更能理解文化对于一家企业的作用，从而更能与我站在同一个思考维度进行更高质量的对话。

2. 学习稻盛先生的空巴，组织大家畅快表达心声

在学习稻盛先生的多本著作中，我都看到了稻盛先生对"空巴"的描述，并意识到了空巴的作用。于是在我们的战狼训练营、神狼训练营、ELDP研学训练营包括公司的年度联欢会等有大部分高管参与的场合，我都会有意地安排大家进行空巴，在非常友好的氛围

中让大家能够敞开心扉，畅所欲言，尽管大家说的主题内容并不是单纯围绕哲学手册的条目进行，但是空巴里提到的很多经营管理思路，对工作人生的思考，甚至空巴这个动作的本身就在印证着《京瓷哲学》中的很多个条目。

印象最深的是，我们第一次开展高管空巴是在一次研学之旅的课后活动上，尽管大家都说要畅所欲言，但是很明显好几位高管都欲言又止，虽然大家多多少少也说了不少体会，但我能感受到他们的心门并没有完全打开，也更加催生了我想要打造更加团结和共通的高管队伍的决心。

这个现象在不久以后的神狼训练营上就有了很大的改变。当时我们刚刚爬完山，好几十位同事一边吃饭一边分享感悟，所有高管都在现场，等到他们上台的时候，那发自内心且言之有物的分享让我感受到整个场子的空气中都流淌着爱和弥漫着香。

更让人惊喜的是，大家在分享的过程中都有意或者无意地开始使用稻盛哲学的条目语言，当时我们自己的果多美哲学手册还没有诞生，但是大家都已经读了稻盛哲学，所以当我听到那些熟悉的条目不断被提及时，心里充满了开心和激动。

3. 用鼓励而不是要求的方式吸引高管参与手册编写过程

在整个哲学手册编写的过程中，我没有要求高管必须参与其中，因为担心一旦变成工作要求，反而会催生高管的负面情绪，感觉自己是被老板逼着做这件事，但是我会在各种场合表示欢迎高管的加入，同时在过程中如果有高管参与，我也会及时给予鼓励，再加上编写小组的同事们常常在工作汇报时书写对哲学手册编写工作的认知，也激发了高管对这项工作的热情。等到后面第三轮打卡结束，我们开始逐一对每句话进行表达测试时，尽管并没有要求，但是有很多高管都自发前来，也为我们测试工作的圆满完成奠定了基础。

以上这些举措都是我为了实现高管的文化共通而采取的行动，结果证明确实收到了良好的效果。

让更多高管参与决策的结果就是大家能够站在更高的维度，像我一样思考公司的未来和发展，也更清楚地理解了一家正在茁壮成长的公司为什么要做文化落地这件事的真正价值。

空巴活动的多次举行让熟悉我的很多高管甚至很多员工都纷纷表示，自从开始开展文化提炼落地工作，我的性格变得更加柔和，并且不知道怎么回事，那些曾经让他们觉得有点听不懂的话语，现在好像越来越能听明白了，高管们也多次告诉我，他们开始越发地理解公司文化建设的重要性。

至于到了后期，对果多美哲学手册条目内容多次修订时，高管们也都贡献了非常多的力量，同时也非常积极地将这本手册向自己所辖所有部门和板块进行了推广。为这本手册在公司范围内的传播起到了非常大的积极推动作用。

每个条目都要人人看得懂，人人都爱看

框架有了，条目有了，手册只剩下最后一步，也是非常关键的一步，那就是如何将条目阐释清楚，既要表达出条目的内涵，又要让人人看得懂，还要人人都爱看。这个事情也花了我们很长一段时间。

在不久前结束的密云闭关会议上，我们罗列了61个条目，都是果多美当下以及未来所需要的关键原则。说实话，诠释这件事管理层自己也能做，但是非常担心诠释者用的语言会让底层员工听不懂。由于我们同事的知识储备有限，绝大部分是初中毕业，因此一些比较抽象的词语对他们来说，理解起来非常艰难。所以在条目诠释的环节，我要求大家尽量用大白话。

于是，我们开始了整个哲学手册编撰过程中的第三轮打卡。

本次参与打卡的人就是所有参加哲学手册框架闭关研讨的人，打卡的内容就是把这61个条目的内容根据自己的理解进行阐述，说出这些条目的意义，并且让基层员工也能看得懂。就这样，我们每天打一条，每到周末的时候，就会把所有人的打卡汇总起来，再由三个核心编写小组（每个小组3~4人），对所有人的打卡内容整理、汇编，选出综合了所有人闪光点的条目释义内容，再进行PK展示，再从三个版本中选出最优秀的那一条来成为最终版本。

果多美哲学手册编写标准的通知

【打卡时间】

2020年12月25日—2021年2月23日

（新编委会成员自加入之日起与主编委会成员同步进行打卡，之前若有错、漏条目可根据自身情况选择性补写）

【打卡内容】

本次打卡与京瓷哲学读后感打卡有所不同。主要针对每个条目将自己的理解或想对果多美家人、新果多美人说的话表达出来，合撰成我们果多美特有的哲学。

【编写要求】

言灵语魂，情真意切，内容需要聚焦、准确，可以将《京瓷哲学》原浆通过自己的语言转化，按照果多美人的交流方式，接果多美的地气（若相关概念无更好的表述方式可直接引用京瓷哲学原文），不追求长篇大论，写出最真的感悟即可，文笔优秀者不要刻意雕琢词句，尽量朴实、白话。

【打卡纪律】

1. 自加入编委会起，每日与主编委会同步打卡一篇；

2. 为了督促大家按时打卡，坚持完成61天打卡编写任务，一次不打卡或迟到打卡，乐捐100元，用于后期表彰奖品费用；

3. 累计5天不打卡，则劝退编委会，有特殊情况酌情考量。

这个研讨过程是认真且激烈的。如何解释大家能听得懂？怎样解释符合原则原理和条目要义？这些问题大家的理解其实都不一样，这个讨论的过程其实又是一次哲学共有的过程，大家在不断的讨论与争论中逐渐形成了统一意见，直到把最后的版本确认出来。可以这么说，最后定稿的版本中，每一个词、每一个标点符号都是经过了深思熟虑。能够简化的尽量简化，能够通俗表达的尽量采用通俗的表达，这样才浓缩出大家都认可的内容。

但是，即便如此，最终的手册依然还不算定稿，我们又进行了最后一个步骤，也就是葛教授屡次提及的"舌头测试法"，即对手册的每一个条目进行逐一朗读，从而测试这些文字不但写上去符合要求，读起来也是。

因为在诵读的时候你会发现，书面语言和口头诵读的情况还真不一样。所以即便书面语言看起来很顺畅，但真正读起来的时候依然会有一些障碍。所以我们又每周组织一次诵读会，手册诵读打卡人员自愿参加，对每个条目逐一测试，通过诵读测试后的精细打磨，才最终形成果多美哲学手册的初稿。

最后，我们请敬爱的葛教授来对条目进行确认和调整，经过多次沟通和讨论，我们发现哲学手册其实是不能一步到位的，需要逐步迭代，如果我们一下子把这60多个条目全部给大家，员工未必能够全部看懂和理解，所以最终我们选出了其中的39个条目，成为果多美哲学手册1.0版本的核心内容。

葛教授对部分条目阐释的修改

【原版】

　　人生·工作的结果由思维方式、热情和能力这三个要素的乘积决定。热情即为努力，能力即为才华。那些认为自己能力平平，但比任何人都努力的人，反而能够取得更为出色的成果。事实上只要努力工作，能力就会提升。

　　思维方式就是人生态度，是决定人生，改变命运的重要因素。思维方式有正负之分，正确的思维方式可以引导人获得正面的人生结果；错误的思维方式只能导致负面的人生结果，即使能力再强，热情再高，结果也是负面的。

　　因此，努力和能力非常重要，但核心是：作为人必须拥有一个正确的思维方式。

【葛教授修改版】

　　人生·工作的结果由思维方式、热情和能力这三个要素的乘积决定，即人生·工作的结果 = 思维方式 × 热情 × 能力。

　　热情即努力，能力即才华。那些认为自己能力平平，但比任何人都努力的人，反而能够取得更为出色的成果。事实上，只要努力工作，能力就会提升。

思维方式就是心念善恶，是决定人生、改变命运的重要因素。思维方式有正负、对错之分。正确的思维方式，可以引导人获得正面的人生结果，错误的思维方式只能导致负面的人生结果。即使能力再强，热情再高，结果也是负面的。

因此，努力和能力非常重要，但核心是——作为人必须拥有一个正确的思维方式。

在日日诵读中感受哲学的力量

终于迎来了果多美哲学手册的最后成稿阶段，排版、印刷、发布的环节一气呵成，而发布会那天的感受也让我终生难忘。

在发布会上，我们首先对历时一年半的手册编写过程进行了回顾，当同事做的纪录片放出来时，曾经共同经历的场景浮现在眼前，现场的人无一不感慨万千，也有很多同事的眼中闪烁了晶莹的泪光。尤其是看到在2020年那一段艰难时光下的同舟共济，以及哲学给我们带来的巨大帮助更让人动容。

当然也有表彰的部分，这本手册的诞生来之不易，倾注了太多人的真心和汗水。那些在最繁忙的时候选择与企业共同进步的人，那些在每个关键节点殚精竭虑贡献智慧的人,那些勇于将智慧结晶结合实践进行验证,并在"信的力量"驱动下不断让自己精进提升的人,都是我们要感谢的对象,也是未来一起携手前行的好兄弟,好姐妹!

对于这本哲学手册,我的内心既有兴奋,更有敬畏。这不只是我个人的成果,更是未来全体果多美人的行动指南,对这样一本"经"书,我心存感恩以及敬意。

为了表达这份感恩与敬意,在向100多位现场同事颁发哲学手册的环节,我逐一用90度鞠躬的方式向同事们发放。而同事们也在我的感召下用同样隆重的礼节一一回礼,那个场景至今想起来都会让人心潮澎湃,心情久久不能平息。

图4-4 果多美哲学手册发布会现场

门店同事的哲学手册发放是由公司所有总监以上的高管团队分头进行的。我们的总监分成多条路线，每个总监亲自将这个哲学手册送到每个门店、每个员工的手中，也如我一般进行了充满仪式感的赠予，让员工感受到公司对手册的重视，更重要的是，对每个员工的重视。

当然，完成哲学手册的发布不是结束，而是开始。学习和践行，我们用诵读的方式拉开帷幕。

在日常工作中，能够学习和践行哲学的机会非常多，只要想做，几乎可以说是随时随地。公司和门店召开的各种大大小小的不同会议，针对不同管理层举办的各种不同主题的培训课程、门店班前会、班后会、所有公司和门店层面组织的活动，大家都会齐声朗读哲学手册，有时是系统性地全文学习，有时是与会议或活动内容相关联的内容专项学习，即便是在下班回到宿舍里，大家也会就某个条目的内容自发讨论。

很长一段时间内，我们的各种公司微信群里，大家都自觉自愿地把学习诵读的照片和视频分享进来，我一边看着大家年轻的面孔，听着他们朗朗的诵读声，一边也在想，或许刚加入团队的新人并不是完全发自内心地朗读和理解，或许也会在某个时间段产生疑惑：我进了一个怎么样的公司？为什么领导总是让我们读这些内容？但是，我坚定地相信，在持续不断的诵读声中，在这种氛围的引导下，我们写在手册里的那些一个个闪着金光的句子，会慢慢地从纸上飞进员工的脑中，再慢慢地渗透进每个人的心里。就像我们小时候父母老师总是让我们背那些经典词句，虽然当时背得不情不愿，但是当自己长大，当自己面临抉择，那些话就会自然而然地蹦出来，帮助我们做出最正确的选择。

哪怕这些孩子可能在还没有真正理解时就离开了果多美，但是那又怎样？教育就是播种，只要我尽心地把种子种下，尽力地去浇灌，至于它何时发芽，何时开花，在不在果多美开花，那又何妨？作为领导者，我在"作为人，何谓正确？"的思想指导下，做出了在我看来正确的选择，尽心则心安。

图4-5　各部门/门店员工自发对手册内容进行诵读

直到现在，这本薄薄的小册子依然是我们每个果多美人的护身符，走到哪里我们都带着它。我们没有强行要求每天必须诵读，但至今依然有很多部门坚持每日诵读。他们告诉我，这样的诵读已经成为习惯，每天不读就会觉得缺点儿什么，当然也跟这些条目深入人心，真正说出了大家的心声，并能切实指导工作中的行为有很大的关系。

当然，我也清晰地知道，哲学手册的发布只是企业文化再造工作的起点，或者说是一个基础。没有这样的起点和基础，文化再造就根本无从谈起。如今有了这个起点，我们便在文化再造的路上迈出了第一步，但也仅仅只是第一步。未来要走的路还很长，比如如何通过制度将文化落地，如何在工作中提取案例做验证，如何真正地将每个条目触达到每个员工的内心——这些，都是我认为非常重要，且是下一步我和所有果多美同事共同努力的目标。

Chapter 5
第五章 验证

工作中的哲学与实学

_____
本章导读

以事炼心，在工作中将哲学进行到底

稻盛先生是将中国圣贤文化和西方企业经营理论结合最好的杰出代表之一。一方面，他创造了受中国圣贤文化影响的企业经营哲学；另一方面他又在西方科学管理理论影响下建立了属于自己的企业经营实学，将二者结合后，在其执掌的几个企业均发挥了巨大的作用。

在对稻盛先生的哲学与实学进行系统性学习后，我受到了巨大的震撼和影响，同时我也惊诧地发现，尽管具体表现形式不一样，但我常常在企业中说到的关于"以文化人，以事炼心"的思想竟然在不知不觉中与稻盛先生的哲实结合思想不谋而合。

所谓"以文化人"，指的是通过对我们自己的文化梳理提炼出属于并适合果多美的文化，并将其与所有员工共通，以形成企业共同的人生观、价值观和工作观，而"以事炼心"则指的就是以做事为基础，在做事的过程中践行已经形成的文化理念，在不断的工作中验证以上文化的可实施性,并在此过程中通过不断的磨炼和锻造提升心性,让自己变得更加富足。

用一颗真正向善、努力拼搏的心帮助我们身边最重要的人——顾客和员工,是"以事炼心"的核心内涵。因此,无论是在新冠肺炎疫情中由于践行文化/哲学让我们将顾客利益放在首位,不惧艰险,逆流而上;还是通过战狼和ABC精进赛让员工提升认知并品味过程,都是在尽力解决顾客和员工问题以及满足他们需求的现实体现。而在全心全意为他人解决问题的过程中,锻炼自己的内心并让自己变得更加富足和强大,则是践行文化哲学对我们自己最大的回报。

"以文化人"是让员工从学习中提高心性,"以事炼心"是让员工从工作中提高心性。这是稻盛先生"提高心性,拓展经营"的核心思想所在,也是其所讲哲学与实学的"双轮驱动"的内涵。光讲哲学并不能解决所有问题,而在工作中验证哲学才能形成真正的"哲学共有"。

前四章从问题着手,通过反思和思考,确立了将员工的"物心双丰收"作为企业哲学的核心目标,同时也找到了促使企业可持续发展的原动力为"向善"与"向上",这些思考和结论揭开了果多美文化哲学建设"以文化人"的历史新篇章,而在本章,我们将以"以事炼心"为切入点,对这些朴实而真诚的思想如何在工作中进行验证和总结进行了阐述。

第一节
危机重重中的工作验证

我在很多场合都说过,如果没有稻盛哲学的打卡活动,果多美在新冠肺炎疫情中的表现肯定是另一番景象。当然这样的影响也不仅发生在新冠肺炎疫情防控期间,更渗透在工作的方方面面。这样说是有发人深省的具体案例来支撑的,这样的案例太多、太深刻,因此我接下来会用一定的篇幅来对"新冠肺炎疫情中的哲学验证"做出详细说明。

正确做人是非凡的开始

"正确做人是非凡的开始"不是果多美哲学手册中某一个具体的条目,而是第一篇"平凡创造非凡"中第2章的总标题。

果多美的员工是一群非常平凡的人,但即便平凡如我们,只要掌握了做人做事的原理原则,就能做出一番不凡的事业,并实现自己有价值的人生。因此,"平凡创造非凡"是果多美哲学手册的核心思想，而如何做人做事才能实现不凡人生贯穿了本手册的始终。在哲学手册中，我们对这句话的注解是：

中国有句古话："做事之前先做人。"事实上，平凡创造非凡也要从正确做人开始。正确做人，就是拥有"向善"的思维方式。

毫无疑问，这句话为新冠肺炎疫情中的果多美人注入了汩汩的力量。上文说过，我在大年初五给员工写了封信"回京保供"的号召，激发了大家强烈的热情，但实际上我也清楚地知道，员工冒着生命危险的付出绝不仅仅是因为一封信或是读书打卡的精神就能够感召的，更重要的还是他们看到了这封信背后企业家和企业的真心。

新冠肺炎疫情初始，我就做出了别人涨价、果多美降价的决策。说实话，在当时的供需关系下，别说降价，就是提价 10%，也是无可厚非的。毕竟相较动辄翻番售卖的企业，10% 的提价也属合理范围。10% 的提价对果多美来说是过亿的利润，这么多的利润摆在面前，对谁都是赤裸裸的诱惑。但是我清晰地知道，此时此刻，我们的国家、我们的顾客正在遭遇前所未有的困难，所以别说去发国难财，任何有良知的企业及经营者都应该去尽一份力量，倾巢之下岂有完卵？国家都遭遇了这么大的困难，我们怎么能去赚这个钱？由此想到后来出现的那些为了盈利而罔顾百姓权益，甚至为了一己私利不停地让大家做核酸且提供假结果的核酸企业，所作所为，真是令人发指。

回到当时的情景，面对是否涨价的纠结和巨额利润的引诱时，一个声音在我心头一直盘旋：作为人，何谓正确？至少这样做绝对不正确！几乎是出于本能，我告诉自己，坚决不能这么做！同时又经过深思熟虑，把果多美的利润进行了测算，最终做出了给各方让利的决定。

第一种做法是让利3%给我们的加盟商。

为了更好地阐明这个决策的含义，我想先介绍一下我们开放加盟的契机。我们曾经统计过从2009年创业到2017年之前，模仿果多美的水果店铺可以说是多如牛毛。模仿果多美店铺的总数达到6700多家。2016年那一年，我们统计过整个北京新开的水果专卖店600多家，关掉了400家店，如果每家店成本付出70万到80万的话，那么这400家店就可能意味着两个多亿的社会资产流失掉了。

为什么这么多人要模仿果多美？就是因为看到果多美生意非常好，他们觉得是一个好商机。但实际上他们并没有领略到果多美背后的经营逻辑以及零售技术的运用，只是轻而易举地模仿了果多美的店铺开始经营，但很快就遭遇重大问题和困难，包括有些我们店铺曾经的房东，看到店铺很红火，租约到期后不再租赁给我们，拿回去改个名字自己经营。原有的装修、原有的货架，又经营着类似的水果，但却都无一例外地失败了。

记得2015年，很多人跟我说你们果多美全北京到处都是，其实那时候我们只有39家门店，所以说句实在话，模仿者帮助果多美提升了影响力。但是社会资本大量的流失，也让我非常心痛。所以在这种情况下,我就和公司决策层决定开放加盟,其中一类加盟引入就是把现有类似并模仿我们的店铺进行翻牌。不是想模仿果多美吗?那果多美把技术、供应链向你们公开,来加盟我们吧。目前我们有一半左右的加盟店都是那个时期招来的。所以在面临新冠肺炎疫情时,我认为他们作为个人投资者来说,抗风险的能力很低。所以决定让利3%给他们,帮助他们渡过难关,或者少亏点钱。

第二种做法就是让利3%给消费者。

这个让利主要是针对一些民生重点商品。我记忆特别深刻的是,当时砂糖橘别人卖7块多、8块多,我们却卖3.99元,以此去帮助一些大众化的刚需消费者,减轻了涨价的恐慌情绪。

这里有一个特别重要的点是"真",是老板真的在降价,真的在让利,而不是表面一套背后一套,嘴上说降价,其实还是玩儿个文字游戏,利润并不减少。我们的企业管理系统里,员工是可以从后台看到定价和利润的,他们能够看到企业是不是真的降价了,企业是不是真的让利了。尤其是蔬菜,员工新冠肺炎疫情防控期间直接能看到果多美真的是零毛利对老百姓供应了。只有这样的"真",才能让员工真正感受到这个企业;只有这样的"真",才能让大家感受到我们真的是在抗疫情,保民生;只有这样的"真",才能让他们在把货品卖给顾客时,心底油然而生的是责任,是大爱,是幸福!

2020年是果多美创业13年来唯一一次年度亏损的年份。一方面是因为新冠肺炎疫情，客流量大幅度下滑；另外一方面就是由于我们的让利，以及成本的大幅增加。所以如果企业玩"假"的，比如口头上说要"抗疫情、保民生"，行动上却涨价，相信团队是不会认同企业这样的做法的，也不会有那么多人前赴后继冒着生命危险来经营。回想起来，当时只要有一个逃兵，整个果多美的队伍就会群蚁溃堤，甚至我们很多门店将会集体遭遇倒闭和被迫关门的情况，哪怕不关门，我们的服务水准和商品品质可能也会大幅度下滑。

能够赢得新冠肺炎疫情开始时第一场战争的胜利，正是印证了"作为人，何谓正确？"的箴言内涵。

第三种做法是保证货品，不关店。

除了上述内容，我感受特别深的还有2020年6月北京以新发地农贸市场为中心，第二次大规模暴发的新冠肺炎疫情。新发地是北京非常重要的农贸市场之一，那次新冠肺炎疫情的暴发影响很大，当然政府处理也非常及时。我记得新冠肺炎疫情暴发，封锁新发地市场的第二天，北京很多生鲜零售企业就没有了货源，当时只有果多美和一些大超市正常营业。

很骄傲地说，2020年我们没有关过一家店铺，且都能正常且保量保质供应。这是因为我们的基地直采以及全国供应链能力在当时得到了有效发挥。当然这里最重要的是同事们冒着生命危险，持续奔赴在全国各地，进行全力以赴的协调。其实当时货车进北京也是很不容易的，所以能够进行全面的协调，保证货源稳定供应，是我们全体同事的辛勤付出的成果。尽管那一年不赚钱，甚至面临着历史第一次的亏本亏损，但总比企业倒闭，关门打烊的结果好得多。更何况，我们还有一个比金钱重要得多的收获，那就是：开业这么多年来，顾客对我们最高层次的美誉度。

让我永生难忘的是，在新冠肺炎疫情严峻时期，顾客对我们好评如潮。很多人在我们的公共账号留言点赞，还有很多顾客给我们送来了锦旗，夸赞果多美是一个良心企业。更加值得骄傲的是，2021年全年，我们实现了利润同比2019年翻了一倍的好成绩，这是我之前难以想象的结果。

在回顾这段往事时，我一直在想，之所以能取得这样的经营业绩，最重要的原因就是在2020年员工的心性得到了升华，顾客的美誉度随之得到了提升，因此吸引了越来越多的顾客来支持我们，帮助我们，我们才能获得比之前还要好的经营成果。跟很多行业和企业相比，绝对算得上是逆势增长。

我想这就是在回答"作为人，何谓正确？"这个问题时，我做出一个"种善因"的答案后，顾客回馈给我们的善缘和善果。

从"利己"到"利他"

"从'利己'到'利他'"是果多美哲学手册中的开篇条目，虽然不是稻盛哲学中一个单独的条目，但却是《京瓷哲学》，也是稻盛哲学的核心理念。在《京瓷哲学》中，稻盛先生也频频提及，如第 25 条的"把利他之心作为判断基准"、第 47 条"动机至善，私心了无"和第 48 条"抱纯粹之心，走人生之路"等都是对这一句话最直接的阐述。

在果多美哲学手册中，我们对这句话进行了这样的注解：

"利己"是我们的习性，是大多数普通人都有的意识。人都会不自觉地趋利避害，做出最有利于自己的选择。但是仅凭利己心判断事物，把一个"私"字放在首位，就得不到周围人的协助，工作也不可能顺利进行。如果每一个人都是这样的想法，会使团队各自为政，变成一盘散沙，失去战斗能力。

"利他"才是我们的良心本性，即使自己吃亏也要为他人着想。要想把工作做得更好，就不能先考虑自己，还应该顾及周围的人。作为伙伴，只有利于团队，才能得到大家的认可。作为公司，只有利于顾客和社会，才能有生存的可能。只有利于他人，才是最大化利益自己。任何人的价值，都是通过"利他"来实现的。

成功不过一转念，就是从"利己"的思维方式到"利他"的转变。每天践行一点点，使"利他"变成习惯，日复一日，年复一年，直至让"利他"占据你的内心深处。你将从一位凡人，变成一位有益于他人，有益于社会，受人尊敬的非凡之人。

毫无疑问，在这本薄薄的哲学手册里，相对于其他条目而言，这个条目的注解显得不同一般地长，这也恰恰说明该条目对我们的重要意义，这个意义在新冠肺炎疫情中的方方面面都得到了验证。

5元成本的口罩，我们免费送出，送出了爱，也收到了爱。2020年初新冠肺炎疫情暴发以后，防疫物资非常稀缺且昂贵，由于我们是社会服务性企业，必须做大量的防疫物资储备，尤其是口罩。所以当时果多美成立了防疫物资工作小组，专人负责，全公司一起努力，从各个渠道购买防疫物资。

记忆特别深刻的是，最高峰的时候我们采购的口罩是一个5块钱。因为货源非常不稳定，公司物资库存处于危险状态，随时可能出现缺货断货。当时防疫物资工作小组几位同事的工作压力非常大，他们甚至联系到了国外进口物资渠道，通宵达旦守着货机的到来，避免飞机一落地，物资就涨价的情况，为了保证公司防疫物资的供应，防疫小组做出了巨大努力。

在这种情况下，我们发现有很多顾客到门店购物不戴口罩。经询问了解到顾客不是不想戴，而是实在买不到，这也是个实情。当时药店限量供应，货量也不充足，所以社会保障物资就更加匮乏，买不到口罩是正常现象。

了解到该情况以后，我就号召全店向顾客免费赠送口罩。说实话当时员工是很心疼的，心里很不情愿。因为彼时的口罩不像过去几毛钱一个，不值钱，送了也就送了。现在的口罩可是5块钱一个啊！如果要折成卖水果的利润，那可是需要几十块钱的销售额，才能赚到 5 块钱左右的利润。这也就意味着进来一个顾客送一个口罩，他们购买水果的利润可能远远不足以支撑我们送他的一个口罩的成本。

大家的抵触情绪我能理解，但我还是下了明文规定，必须确保顾客进店后要有口罩戴，没戴口罩必须主动送口罩，为此我们还专门成立了总监巡查小组，每天12位总监分12条路径到门店去巡查。

就这样，最开始很多同事是被迫送出口罩，但是后来，他们看到顾客拿到口罩以后流露出来的惊讶和发自内心的感谢，这些反馈深深地触动了我们的员工，不知不觉间，员工就不再计较一个口罩要5块钱了，最后有好多门店直接把消毒液、口罩放在了门口，欢迎顾客自取。

我自己也在门店亲自送过口罩给现场的消费者，可以说，他们拿到口罩时表露出来的那种惊讶、疑惑，进而转化成惊喜和感动是溢于言表的。所以送出了一个口罩，收获到的是一种油然而生的幸福感。正如我们常常说的，让空气中流淌着爱，弥漫着香！这种能量的传递让整个果多美的团队内部充满感激和感恩的氛围。

说实话，当时做出送口罩的要求时，我完全没有考虑经营和回报，只是基于最本能的思考。新冠肺炎疫情当下需要保护员工，保护顾客，尽量不让任何人有风险。但就是这样一个单纯出于爱的举措，让很多顾客收获了深深的感动，而他们也投桃报李地给了我们很多正向的反馈。

记忆中特别深刻的是，好多顾客带着自己好不容易买到的口罩专门送给我们店铺里面他熟悉的小伙伴，记得那时 N95 口罩非常匮乏，但有顾客拿着珍贵的 N95 口罩，连夜提着几大桶当时特别珍贵的 84 消毒液，送到我们店铺，并主动帮我们联络购买防疫物资等，这样的情况在当时时有发生。

我想之所以出现这样温暖的场景，就是因为有这么个企业在春节期间不放假，照常营业，冒着风险为大家服务，不仅不涨价，反而降价的善举激发了人性深处最本质的善良。这就是我们常说的，用自己的真心换到了顾客的爱心，大家才能一起共克时艰，相互勉励。

让人记忆深刻的温暖事例还有很多，这些温暖的事例极大地缓解了我们在前文曾经说过有些员工对顾客的矛盾情绪。新冠肺炎疫情前我们有很多员工对顾客存在误解，总感觉顾客是故意刁难我们，经常到这里来挑挑拣拣，占我们的便宜，却从来没有想过顾客也会如此和蔼可亲。所以当时小伙伴们非常惊讶，更深深地感动。说实话，如果没有这么多的顾客用这么多的善举来滋养我们的团队，滋养我们的大义名分，我相信我的那封信以及我们零利润向社会供应这些事儿就得不到这么多的共鸣。在那么苦，那么累，冒着风险，尤其是内心那么迷茫困惑的时候，这些顾客的善举让我们变得更加笃定，更加觉得人生有意义、有价值。

就这样，表面看上去，我们是在做一件纯粹利他的事情，但实际上，这些付出去的爱全都得到了回报。

我曾经跟小伙伴们讲，人这一生可能难得有几件事值得回味。我相信2020年的新冠肺炎疫情会在我们的生命中留下一笔，就是当国家有难、社会有难的时候，我们也曾经冒着生命的危险，为大家奉献过、服务过，为这个国家做出过自己的贡献，我觉得这就是人生值得骄傲、有意义的事。我相信这样的一件事一定会留在那个时期，留在所有果多美小伙伴的心中，成为人生值得回味，值得骄傲的经历。

为伙伴尽力

在人的行为中，最美好、最可贵的莫过于帮助他人，虽说一般人往往先考虑自己，但实际上，每个人都因"助人"而感受过幸福。

企业是"家"，也是公司。为了美好的事业，为了能够更好地面对挑战，需要伙伴彼此尽力，相互补位，否则很难实现我们共同的目标。"为伙伴尽力"，就是为这个"家"尽力，也是为自己尽力。

彼此为伙伴尽力，不惜努力，才构筑了强大的集体、强大的公司。

以上是果多美哲学手册中对"为伙伴尽力"条目进行阐释的内容。该条目被收录于第二篇"共筑伟大事业"第1章"我们共创果多美"中的第17个条目。

"为伙伴尽力"这个条目，在最近三年体现得异常深刻。新冠肺炎疫情初始的2020年，由于来得突然，我们并没有做好充足的准备。恰逢春节，门店人力本就紧张，又赶上新冠肺炎疫情，大量生鲜店还没有营业，坚持营业的果多美一时迎来了爆炸式增长的客流，门店服务接待工作异常繁重。在这样的背景下，全公司调集所有职能部门人员，全部安排下店支援。与此同时，由于各行各业都受到波及，甚至门店的工作餐都受到影响，很多小伙伴自发组织起来轮流做饭，在繁忙的工作中，相互支持、相互鼓励，共克时艰。

2022年末新冠肺炎疫情暴发时全体员工无言一句怯懦或退缩。突击队员主动请缨的背后，怀揣着果多美大家庭手足情深的惦念，这正是为伙伴尽力的真实体现。

这一点不仅在新冠肺炎疫情防控期间得到深刻验证，"为伙伴尽力"在我们的日常店铺经营中也体现得淋漓尽致。门店有多种岗位，班次也不尽相同，在经营秩序良好的店铺中，无论繁忙与否，总能看到整齐美观的陈列、良好的卫生与及时的服务。这背后体现着各岗位员工相互分工配合，及时补位支持，共同为门店经营成果负责的大局观与责任感。这些是制度与流程标准很难规范到位的，但当每个人把全员当作一个整体，树立起"为伙伴尽力"的心，为"家"尽力，就不会对工作得过且过，把"烂摊子"丢给别人。

工作中，人往往只为了自己的收获而付出。但因执着于自我得失，当没有得到想要的回报时，就容易让自己迷失方向，团队合作也会不畅。事实上，将"我"的得失放在一边，转而为伙伴努力工作，才是激发自己的斗志以及构建强大团队的关键。

为伙伴尽力，不仅是帮助伙伴，更应该常怀感恩之心，时时想到"不能辜负伙伴的付出"，从而让自己全情投入经营中，为团队目标而努力，为伙伴的信赖竭尽全力。只有这样，伙伴之间都不惜为彼此付出努力，才能让团队迸发出无穷的能量，达到"1+1>2"的效果。

"为伙伴尽力"，绝不只是一句口号，它是一种心态，更是一种思维方式。

贯彻现场主义

现场代表着我们工作的每一个瞬间，是我们每个动作、每句话的真实写照，里面蕴藏着太多细节，任何环节都有可能导致结果的变化。因此，出现问题首先要回到现场，脱离现场煞费苦心地空谈，绝对解决不了问题。

"现场有神灵"。经常到现场去，在工作中培养亲力亲为、身体力行的好习惯，不仅可以找到解决问题的线索，而且可以获得与销售相关的意外启示，提高我们的工作效率。这是营运、采购等经营部门的工作原则，对所有二线服务部门同样适用。

关注现场就是关注细节，而门店就是果多美的第一现场。

以上是果多美哲学手册对"贯彻现场主义"的解读。

"贯彻现场主义"是果多美哲学手册第3章"经营强健果多美"中第39条,也是《京瓷哲学》的第72条,包括我在内的所有人在学完这一条以后都有很深的感触,而新冠肺炎疫情的经历又让我们对此有了进一步的理解和体会。

新冠肺炎疫情发生后,我们所有的核心管理层第一时间回到北京,开始店铺巡查。我们还专门成立了总监巡查小组、经理巡查小组,每天分十几条线路到门店巡查。表面看来,店铺巡查是为了检查工作,但其实它的意义远不止于此,巡查动作同时也承载了我们很多的信息传递:

首先,让大家知道总监和员工同在,果多美人人都在一线,有风险大家共担;

其次,所有总监带上熟食饭菜,去慰问那些因周边饭店关门、吃饭难的门店,并及时协调餐食问题;

再次,对门店进行巡查,确保大家有效地执行防疫政策,比如定期消毒,佩戴口罩等一些措施;

最后,也是最重要的,要在经营现场了解顾客的需求变化,为公司下一步决策提供有效依据。

这样的巡店动作,从新冠肺炎疫情发生的伊始,一直持续到了2022年政策全面放开。通过深入一线,我们感受到社会的变化、市场的变化、门店周边的变化，通过每天晚间的总监例会相互交流，我们敏锐把握每一个变化的背后本质，及时快速做出反应。比如防控限流、增加蔬菜、降价保民生等一系列的举措，深受社会大众的认可。哪怕是 2022 年 11 月、12 月的北京感染高峰期，果多美也通过自建隔离仓等措施，保护员工安全，保证经营秩序，更保障了顾客的生活所需。如果没有深入一线的巡店政策，我们想必不能取得如此良好成果。

其实果多美是从一家店开起来的，骨子里就带着"现场意识"。各级管理者，大多都由一线执行各部门的政策，并传递给消费者。除新冠肺炎疫情防控期间的巡店政策外，"贯彻现场主义"在新业务创立初期，更是得到了很好的贯彻。我们的水果管家项目、O2O 果切项目，均由总部人员下店 2~6 个月，亲身实践、调整、沉淀出新项目的流程及标准后方可推进，以保障一线业务的有序进行。

而身在现场的门店员工，更是时刻关注顾客所需，高频迭代。果多美的店铺通常都是临街的，门前台阶不方便手拉购物车的顾客上下，门店自行开发了"斜坡假底"，便利顾客；老年顾客比较多的门店，通常也会自备放大镜，供顾客查看小票……

所有亲临现场、深入一线的动作所取得的良好成果，也带给我们一连串的反思。站在总部角度的设计往往把很多问题想复杂了，贴近门店现场工作会发现，很多事情不过是一个小细节的完善。

我曾经也在公司的各个会议上提过："智慧在于一线"，与稻盛先生的贯彻现场主义如出一辙，遇到问题的时候深入一线去寻找智慧，也是我这么多年工作的深刻体会。我们常说细节决定一切，只有在一线工作才能体会到实际场景中细节上的差距，这与我们在后端思考、规划是完全不一样的。

人的本性都有严重的掌控欲望，大家都认为一线的操作者是被掌控者，所以很多人努力的方向就是让自己脱离一线，成为更高的领导者、掌控者。事实上要领导好一个组织，实现组织整体利益最大化，最有价值的单元往往就是面对产品制造、面对服务消费者的一线岗位，伟大的领导者都因此对一线充满敬畏。

因此我们永远不能脱离一线，对组织而言，一定要追求最大可能的扁平化，对于我个人而言，要保持和一线工作常态化的接触。"贯彻现场主义"就是保持组织和领导者敏锐性的关键，丧失敏锐性就是丧失了对需求的洞察力、丧失了对市场的判断力、丧失了对执行的调整力。

用真心与顾客构建邻里关系

每天到店的顾客，大部分是周边 500 米范围内的居民。事实上，我们之间不是简单的买卖关系，更是亲密的邻里乃至大家庭关系。这种关系不仅是彼此之间的相互信赖，更是谁也离不开谁的相互依存；不仅是产品的需求与供给，更是彼此情感的互通交融。

中国有句古话"远亲不如近邻",就是强调邻里关系的亲密性与重要性。贯彻顾客至上主义,用真心与邻为伴,与邻为善,积极参与社区公益活动,把顾客感受提升到更高层次,将经营从"价值"升华到"意义"的层面。这既体现了一种经营理念,也展示了果多美人注重情感、简单朴实的处事法则。

由于果多美是直接与顾客打交道的商业模式,所以在果多美哲学手册中,刻意增加了与顾客相关的条目,虽然本条目(第2章"顾客成就果多美"中第26条)和24条"总是不满意的顾客是我们请都请不来的免费质检员"都并非《京瓷哲学》的原文,但却是我们在真切体悟了稻盛先生利他思想后,对"顾客至上主义"条目的扩展,当然也同样在新冠肺炎疫情和日常工作中得到了验证。

新冠肺炎疫情初期,恰逢春节假期,当时我们有一半的员工回家休假,尽管我们出动了很多同事接员工回京,也有很多员工主动回京,但还是有很多人无法返京,但为了达到防控要求,我们要对入店的顾客进行测温、扫码等一些防疫措施,说实话本身人力就不够用,门店又增加了消毒等工作,等于又要增加一个岗位。果多美绝大部分的门店都是两个门,那么两个门就意味着需要两个人在那里测温,这对于我们整个团队来讲,都几乎是不可能完成的任务。所以说在这种情况下,我就写了一封招募志愿者的倡议书,发到平时发送产品活动信息的店铺社群里面,希望广大顾客能够给予我们帮助。

没有想到的是,倡议书发出后,很快就得到了顾客的积极响应。

前前后后有 100 多位顾客朋友来到我们店铺，担任我们测温防控的志愿者。说实话很多顾客的付出，给我们留下了难忘的记忆。由于他们是消费者，所以更懂得消费者的心理，所以实际上，他们不仅仅在帮助我们做新冠肺炎疫情的防控工作，甚至还帮我们做销售、推荐果品、做服务提醒等一系列的事，为此给我们带来了非常大的帮助。

很多顾客就是在帮助我们的过程中和我们结下了深刻的友谊，包括至今还有很多的志愿者，经常会在下午跑到我们店铺来义务帮助我们上货，卖水果以及维护顾客秩序等。这些老大哥、老大姐让我们深刻地感受到了人世间的美好。在这里我要特别提到一位大叔，这位大叔在我们刘家窑店附近住，平时可能因为独居，生活上比较单调，所以经常到我们店里来转一转看一看，一来二去，就认识了店长小鲁。小鲁经常陪他聊天唠嗑，两人在这过程当中结下了深厚的友谊，成为不可多得的忘年交。当我们发起向社会招募志愿者的时候，这位七十多岁的老大爷第一个积极响应，找到小鲁说我帮你来测温。我记得这位大爷在我们店铺里义务测温历时一个多月，每天都工作 10 多个小时。说实话，像他这么大年龄的一位老人，能够如此不辞辛劳地帮助我们，让我们非常感恩。

后来由于大爷随孩子们搬去了石景山区，离刘家窑门店距离非常远，不能经常来了，但还经常跟小鲁通电话，并盛情邀请小鲁到他家去做客，他电话里面流露出来的那种不舍，和对过去美好时光的留恋，让我非常动容。

小鲁在分享这个故事的时候，我看到他的眼里闪着泪光，这个可爱的青年，对独居老人精神上的孤独寂寞都能感同身受，相信他也一定能够感受到我们的门店不仅仅是在经营水果生意，更可以成为顾客的好邻居，甚至成为顾客精神的寄托。

人生成功方程式

成功只是一种描述，我们可以换个词理解，就是"结果"。人最怕碌碌无为，都期待有个"好的结果"。成功方程式就是引导我们走向成功的正确方法。在日常生活中，工作中，甚至人生中遇到困惑，我们同样可以运用成功方程式来判断和行动，而这种判断和行动的积累就会形成我们各自不同的人生。

人生·工作的结果由思维方式、热情和能力这三个要素的乘积决定，即人生·工作的结果=思维方式×热情×能力。

热情即努力，能力即才华。那些认为自己能力平平，但比任何人都努力的人，反而能够取得更为出色的成果。事实上，只要努力工作，能力就会提升。

思维方式就是心念善恶，是决定人生、改变命运的重要因素。思维方式有正负、对错之分。正确的思维方式，可以引导人获得正面的人生结果，错误的思维方式只能导致负面的人生结果。即使能力再强，热情再高，结果也是负面的。

因此，努力和能力非常重要，但核心是——作为人必须拥有一个正确的思维方式。

以上内容是果多美哲学手册对人生成功方程式的具体说明。

人生成功方程式源自《京瓷哲学》的第43条，是支撑京瓷哲学的根本理念，也可以说是整个稻盛哲学的总纲领。之前我也读过不少稻盛先生的书，但这一次让我有了更加深刻的体会，可以说，稻盛哲学几乎都是围绕"人生成功方程式"展开的。所以我把这个方程式作为极为重要的内容，放在了哲学手册第一篇"平凡创造非凡"第1章的位置。

在我看来，人生成功方程式就是稻盛哲学的精髓，也是稻盛先生向我们揭示人生秘密的核心理路。提升心性就是提升我们的思维方式。我认为思维方式是心的广度，宽广博大的心态决定着我们的人生选择；而热情更像是心的深度，专注在一点上，倾情投入，不动摇、不放弃。

思维方式是最重要的，因为它具有正负两极，可以从 −100 到 +100。正向的思维方式让热情和能力变得有意义，而负向的思维方式直接让热情和能力功亏一篑。正负思维方式就是善恶的抉择，"积善之家必有余庆"准确描述了正向思维方式的核心是善念。如果说思维方式是根本，而善念就是根本中的根本。

如果站在选人用人的角度，用人用其能还是德，答案不言而喻。有德有才是贤人，有德无才是庸人，有才无德是小人，无德无才是废人。有德有才的下属可遇不可求，遇到请珍惜，即便未来他的成就远超于你，也是你的人生佳话。相反，务必远离有才无德之人，这样的人，他的才华反而是伤人的利刃。

如果站在合作共事的角度，缺钱、缺地方都不是事儿，最重要的是心性相似，认知相同，且都是好人。再难的问题、再窘的困境，也抵挡不了志同道合、众志成城的决心。彼此的价值不是因为谁尽了多大的力，而只是因为"你在"，因为只要你在，就一定会竭尽全力。

热情和能力固然重要，但必须以正确的思维方式为前提。有了善念，加上热情的投入，能力自然会得到提升，一切困难便会自动为我们让路。细数身边所有可以被称为"成功人士"的朋友，无一不是因为先会"做人"，建立了正确的思维方式，才赢得了他人的爱戴，最终走向成功。

我们把成功方程式放在果多美哲学手册的最前面，是因为它确实太重要了。过去我们一直认为"向善向上是改变命运的力量"，把"无我利他、向善向上"作为果多美的价值观。学习稻盛先生的成功方程式后，我们才发现，"无我利他、向善向上"不正是方程式中的思维方式吗？做人向善，做事向上，通过成功方程式，我们更加坚定了果多美大学的核心指向和路径。

事实上，果多美很多优秀的伙伴，他们的成功也都暗合了方程式的理路。果多美基于顾客需要和企业发展，除原有经营品类外，也陆续创立了蔬菜项目、猪肉项目、熟食项目，并与门店进行了很好的融合。像蔬菜项目和猪肉项目，都已实现年销售额破亿的好成绩。而这些项目的担当者，无一例外都是从果多美基层一步步成长起来的，他们没有高贵的出身，却真正做到了从平凡走向非凡。刚进入果多美时，他们几乎在开始都不具备担当的能力。之所以敢托付他们，并相信他们能把事业做起来，一方面是看到他们做每件事都能投入足够专注的热情，没日没夜地扎根一线去拼；另一方面他们都在日常工作中建立了正确的思维方式，能够为员工想、为顾客想、为企业想。我相信一个人只要抱着利他的善念，并不断拼搏投入热情，能力是可以顺便而来的。在本章节内容中，我把成功方程式放在最后来阐述，是因为前面所述的所有条目，也都是对这一条的验证。

第二节
工作中的实学验证

战狼训练营——连接哲学与实学的桥梁

当我们开始意识到"我心即门店,门店即我心"的时候,就能感受到一个店长的心是经营店铺的关键基石。但是自己的心找到以后,还必须获得员工的真心,同时和员工一起来获得顾客的爱心,从而实现店铺经营自身成功的闭环,这一点我们在果多美哲学手册里,是专门通过一个个篇章来去阐述的。比如说第一篇"平凡创造非凡"中"正确做人是非凡的开始"和"努力做事是非凡的过程"这两章分别阐述的是做事和做人,这实际上就是我们的初心。第二篇"共筑伟大事业"中第 1 章"我们共创果多美"说的就是我们和伙伴的关系,也就是赢得员工的真心,第 2 章"顾客成就果多美"说的是我们和顾客的关系,也就是赢得顾客的爱心,当然还有第 3 章叫"经营强健果多美",说的是一些经营思路和经营哲学的问题。

上述思路在哲学手册里面，尽管相对来说表述得还算清晰，但员工在学习哲学的过程当中，如果单纯靠读书和自学，还很难知道其中思想的内在串联和逻辑关系，所以纵然有果多美哲学手册，也确实还需要一套研学体系来帮助大家真正理解果多美哲学手册背后的逻辑和关系。只有知其然并且知其所以然，才能真正将思想变成行动。

经过详细思考和准备，我们开创了战狼训练营作为哲学手册的研学载体，战狼营参加者的定位是所有在果多美现在和未来的管理者。每个现任管理者和后备人才都需要经过战狼营的洗礼。

具体来说，就是当你具备从事门店组长能力的时候，只是过了第一关，接下来还需要果多美哲学手册的教育来帮助你提升心性素养，所以战狼的意思就是通过心性重塑，让管理者从一匹普通的"狼"成为一匹能战斗的"狼"。

除了战狼营，我们还有神狼营和头狼营，头狼营主要是文化哲学的渗透与传递，侧重的是研究领导艺术，而神狼营更多的是研究经营。其实狼文化在中国很多企业里面都会被推崇，因为狼是一个善于团结、能够艰苦奋斗的动物，所以我们还要推出狼性文化，也是我们一直讲的奋斗者文化。

奋斗者文化在背后做支撑，以果多美哲学手册的思想内涵为载体，这就是战狼研学体系的基本逻辑。

在战狼训练营这个研学体系里，我们做了这样的设计和安排：

第一部分是军事训练。通过对"战狼们"的军事训练，让大家感受到，一个刚刚组建的、散漫的团队如何快速地形成行为上的共通性和一致性。通过训练，大家真切地发现团队在军事化训练中确实发生了转变，当然，这些军事化训练其实说的就是标准，就是刻意练习，在门店工作中标准流程以及刻意练习也是非常重要的环节。因此，通过军事训练一方面进行团队打造；另一方面强调流程标准，这是军事训练环节的核心目的。

第二部分是训练课程讲授。我们把核心课程分成了三节，即找到自己的初心、获得员工的真心、赢得顾客的爱心。

第一堂课"找到自己的初心"，我们会和大家一起回顾，刚来北京的时候自己的想法是什么。赚更多的钱？希望能够给家人和孩子很好的生活？往往有这样的初心很不错，但是在进入这个社会以后，就会发现很多人正在逐步迷失初心，觉得成功不容易，然后开始自甘堕落，迷失迷茫。

实现初心的正确做法是什么？作为一名职场人，首先你必须得到企业的认可、同事的支持、顾客的认可。想要得到他们的认可，就要了解人生有正循环和负循环的秘密，因为只有积极向上，只有向善向上才有可能获得成功。

通过这样的逻辑，我们让大家知道，作为果多美人，我们可以从"让孩子好，让父母好"的初心上升到更高维度，也就是"感恩自然、觉醒生命、无我利他、向善向上"的维度，当然重中之重就是"向善"和"向上"。基于这颗初心，就会发现我们有两个缘一定要去修，一个是员工缘，一个是顾客缘。

接下来的两堂课便是围绕着这两个缘去展开，带着大家去领悟：缘有长有短、有深有浅、有善有恶，如何将顾客缘、员工缘修成长缘、深缘、善缘，而不是短缘、浅缘、恶缘。

第二堂课是员工缘，课程的名字叫：从"心"出发、伴你同行。从"心"出发，指的就是守住自己的初心，用自己的积极心态去影响员工状态，并提出对员工要"懂他、利他和爱他"的思想；在伴你同行的部分，我们又分为关注伙伴、激励伙伴和发展伙伴，通过衣食住行情的细节去关注伙伴；通过"六脉神剑"来激励伙伴；通过培训员工、指导员工、教育员工来发展伙伴。最终通过关注伙伴、激励伙伴、发展伙伴的过程去获得员工的真心。

第三堂课是顾客缘。想要与顾客修得善缘，核心就是既要提升认知，也要提升行动。认知提升就是要认识到这些年我们与顾客之间发生的问题背后的本质到底是什么，行动提升就是要从仪容仪表、主动服务等方式上去解决问题。这些方法，与果多美哲学手册里面讲的"以阳光心态与周围相融""服务从微笑开始"等条目密切关联。

通过战狼营的课程输入，我们提出一个核心理念，叫"三心合一、天下无敌"，三心就是我的初心、伙伴的真心、顾客的爱心，如果这三心能够合一,那么就没有办不到的事情,果多美的经营和管理都会上一个新台阶。

将战狼训练营的思想逻辑再总结一下就是:如果能够在自己的内心深处种下一颗利他的种子(种善因),并找到工作中与我们关联最大的顾客和员工这两个群体,将利他心在他们身上进行实践,真心实意解决他们的困难,满足他们的需求(修善缘),最终必然能够由于帮助他人而收获自己内心的富足和成长,同时,我们经营的事业也会枝繁叶茂,硕果累累(即果多美)。这一点恰恰就是果多美哲学手册背后的根本性逻辑。

当然,战狼营的管理也值得一提。我们的操作流程除了营前准备、营中实践,还有营后的管理,即便是训练营结束,也要让大家诵读和背诵果多美哲学手册。同时我们还会建群让大家进行100天的学习打卡,通过100天学习打卡来印证果多美哲学手册的条目,从而将战狼营里的"三心合一、天下无敌"的思想融入骨髓去。

图5-1就是果多美战狼营有关果多美哲学手册的研学体系的构建。

通过战狼训练营,我们把整个果多美的文化/哲学做了清晰的逻辑梳理,同时又为未来的经营实践做了理论铺垫,让员工既理解了文化/哲学非做不可的动因,又明确了文化/哲学不是虚的,需要在工作中验证。有了这样的认知背景,我们进行ABC精英赛就有了理论支撑和精神引导。

图5-1　战狼训练营的研学体系图

门店 ABC 精进赛——干，就要玩儿真的！

果多美哲学手册里有一章叫"顾客成就果多美"，之所以将顾客问题独立成章，就是我越发意识到，对企业经营来说，营业额就是顾客对我们支持的证明，利润额就是顾客对我们感谢的证明。也就是说，一家企业只有为客户创造价值，才会得到客户的认可，才会达成优秀的业绩，这就是一个基本的底层逻辑。

于是哲学手册中就有了一个很大的关于顾客的篇幅。在这里面我们把"顾客至上主义""把'对'让给顾客""总是不满意的顾客是请也请不来的免费质检员"等条目放其中，尤其"顾客至上主义"的理念是至关重要的。

但是我也很清晰地知道，顾客至上主义只是一个词汇、一个概念，如何把它深刻打入同人们的心中才是关键。因为在很多人看来，并不是顾客至上，而是领导至上。决定他们命运的是上司、是领导，所以在企业里常常是唯上论，不是顾客至上主义。"唯上论者"做事思考的逻辑是怎么来维护这个领导，得到领导的认可。在这种意识驱使下，顾客反而会被忽略，除非是有一些有业绩任务的销售部门，由于有自己的业绩提成等因素，可能更重视顾客一些，但本质上还是唯上论、唯老板论等。如果这种根深蒂固的思想不去剔除的话，顾客至上主义就会是一种空谈。

要想让顾客至上主义得到深入骨髓的认可，就需要在整个公司的组织体制上做出重大的改革。如何改？我想就是必须把对员工的考核权，甚至任命权都要给到顾客，让顾客来进行考评，让顾客决定他的留用和命运，只有这样，他才有可能真正认识到"顾客至上"理论的正确性和重要性。

在这种前提下，我们开始改革整个公司的绩效考核制度以及评价机制。首先我们把门店店长的所有权和经营权进行分离。也就是说如果你加盟了这家门店，那么这个店铺的所有权就是你的，但是经营权我们拿出来进行考核，只有通过考核拿到了经营资格证书，才意味着有经营店铺的权利。如何获得这个证书？那就需要通过各种知识的学习、考证，获得若干个证书后，去换一个店铺的经营资格证。

当然，即便获得了经营资格证，也只不过意味着有经营店铺的资格，一旦开始真正经营，店铺经营水准的高低，便交由顾客来进行考评和打分，这就是果多美的神秘顾客考核制度。

我们会邀请大量神秘顾客到门店里来，以顾客的身份，按照我们提供的考评表，将他在门店所看到、听到、遇到的人、事、物，基于不同的检查标准和维度，给出自己心里的分数，同时把碰到的具体情况加以描述。我们公司的督查员会根据顾客描述的情况判断轻重，并对提供的分数进行修正，修正完毕后，将所有店铺进行排名，以做出终极评价。

排名分为 A 级、B 级和 C 级，每月排名一次。如果连续三个月排名是 C 级的话，那么店长就将失去本店的经营资格，我们会吊销其门店经营资格证书。而被吊销经营资格后，要求他（她）离开店长岗位，重新参与学习，重新去考证书，重新竞争上岗。这样一来，他（她）就会明白，果多美的店长是能上能下的。更重要的因素是，店长能上能下的决定权，恰恰掌握在我们的顾客手中。

刚开始的时候，大家可能都会去猜哪个顾客是神秘顾客，从而多加防范和做出更好的结果。久而久之，他（她）就会把每一位客户都当为神秘顾客，到了这个时候，门店就会真正去贯彻"把'对'让给顾客""总是不满意的顾客是请都请不来的高级免费质检员"等条目，也才能够真正把顾客至上主义贯彻到心里。

当然，想要把"顾客成就果多美"这个文化根深蒂固地渗透到店长的意识中，仅仅依靠店长是做不到的。所以我们在哲学手册中也有个章节来阐述"我们共创果多美",把一些比如"有话直说,有话好好说""人人都是果多美"等重要条目放在里面,通过这些重点条目,让他们感受得到应该如何去带团队,如何用争取的心态去帮助和发展员工,因为只有得到员工的支持和认可,店铺才有可能在ABC精进赛中胜出。

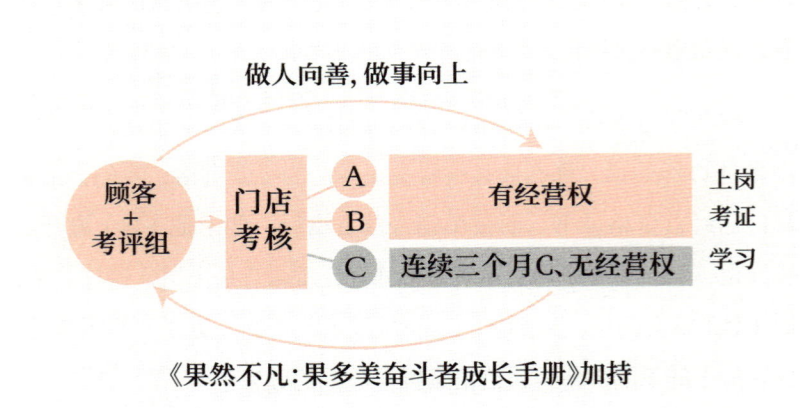

图5-2　ABC精进赛逻辑图

当然ABC精进赛的最后结果还和利益分红有关。如果获得A级的话,经营利润分红就会加大分红比重;如果得B,就是正常的分红;如果得C,分红比重就会降低,甚至有可能取消分红。所以从一开始，店长的去留就是由ABC决定，收入也是由ABC来决定，所以不仅仅要把自身做好，把顾客服务好，把员工团结好，更重要的是，也要让店铺经营的利润额、费用、销售等这些问题得到解决，这样一来，我们的店长就会全面运用这本手册，这里面所有的篇章也都一次次得到了验证。

总结来看，一场ABC精进赛，实际上是果多美哲学手册所有条目在店铺经营、做人做事上的验证过程。所以，我觉得ABC精进赛实际上就是哲学以后的实学，而实学反过来也促进了哲学的发展。如果没有实学，哲学就会变成空中楼阁，当然如果没有哲学，实学也无从牵引。前面我也特别谈过，在"我的未来我的店"内加盟计划项目中，正因为我们没有哲学在前期做保障，只是轻而易举地先做了实学，最后就导致了大家唯利是图，以及经营动作的变形。

如果说战狼训练营是连接哲学与实学的桥梁，那么ABC精进赛就是真刀真枪的实践道场。在ABC精进赛中，我们将哲学手册中的关键条目进行了一一的验证，这些验证带给大家些许幸福，也带来些许残酷，但无论是幸福是残酷，都是个人和企业成长的必经之路，只有经历过风雨的洗礼，那一道道雨后的彩虹才会更加鲜艳和夺目。

ABC精进赛是哲学后的实学，这是非常重要的认知和实践。

ELDP 卓越领导者成长营
——用利他思维的"身教"打造人才摇篮

如果说战狼训练营和ABC精进赛还是站在教育员工、希望员工能与我们达成同频共振的视角来考虑问题，是"修员工心"的实践举措的话，那么ELDP训练营则是一次不折不扣的"修自己心"的"身教"之旅。

正如前文所述，一直以来我都将员工的成长当成自己的责任和义务，也是在这个念头的驱动下，我们开展了大量包括战狼、神狼等训练营在内的培训教育活动，并取得了不错的成果。2019年春节后，在公司人力资源顾问赵莉敏老师的支持下，我更加坚定地要将自己"让果多美小伙伴获得丰厚的回报及一段值得回味的人生"的发心付诸行动，于是，决定要在公司开展ELDP的培训项目，即在八个月到一年的时间内，分批分层地对公司所有管理层进行专项培养，培养内容涉及职业素养、思维方式、管理能力和专业能力的提升。目的是将所有管理者培养成合格的管理者和领导者。

表面看来，这只是一套系统的培训课程，但实际上，与一般公司培训课完全不同的是，我们在该套课程的设计之初，就确定了如下的基本原则：

1. 解决当下问题：课程内容必须解决当下管理者个人成长中的问题。

2. 匹配未来发展：课程必须匹配管理者成为职场优秀精英的发展需求。

其实，无论是解决当下问题，还是匹配未来发展，我们对该套课程的设计都体现了这样的核心初衷：这是一套完全基于个体成长需要而非公司经营需要的体系化课程。

这一点，从我们最终设计出来的课程内容和管理体系便可一见端倪。

在课程内容方面，我们将课程内容分成了职业素养、思维能力、基础管理、进阶能力和领导力提升五大板块。其中职业素养和思维能力是为了解决管理者存在的当下问题，而基础管理、进阶管理和领导力提升则更多的是为了匹配大家未来的职业发展。

职业素养板块包括"生涯规划、职场礼仪和服务意识"三门课程。

生涯规划课程是为了解决大家在工作中产生的对未来和前景的迷茫，并明确原来最好的职业就是"自己喜欢并有能力做好，且能够从工作中获得自己想要的价值的"认知和提供大量的解决方案和实操工具。

职场礼仪是为了让大家更清晰地了解在职场中应该具备的礼仪行为和职业素养，通过上课大家才了解，怎么站、怎么坐、怎么穿、怎么坐车都是学问。而服务意识则是想站在个人成长的角度，帮大家深切理解"服务他人，成就自己"的理念。上述这些内容都是我们果多美人在当下阶段比较缺失、应该补课的内容。

后来在我们的课程开到第四期、第五期的时候，由于疫情的背景，我们不得不面对更容易产生情绪问题的客我矛盾，以及面对疫情的恐慌，于是我们又专门增加了"情绪管理"的课程内容。以帮助大家更加从容地面对自己的内心。

为了提升大家的表达能力和逻辑能力，我们专门开设了"结构化思维"的专项课程，通过对金字塔原理的解读，并结合大家在工作中常常感受到的"领导一点名就心慌"和"一到写报告就头疼"的真实情境，对大家的逻辑能力进行实操训练，总结出十多个思维模型供大家使用，这些模型可以广泛应用于解决问题、工作汇报、会议发言和培训辅导等多个场景，经过两天的训练和后续的不断强化与练习，同学们的逻辑性有了明显的提升。

与提升个人认知和能力的职业素养和思维能力不同，基础管理、进阶能力和领导力的提升课程其实是为了大家作为管理者角色的能力提升而设计的。其中基础管理理论涉及的管理基础理论、时间管理和沟通激励等内容是成为一名管理者必备的管理认知；培训培训者的课程是为了提升管理者的另一重要身份即培训者的培训能力而设计；对领导力的初步了解则是为管理者打开一扇窗，让大家理解领导者的核心是影响力并要为此而努力。

生涯规划 原来我是这样的

职场礼仪 原来我可以更美的

结构化思维 原来我可以更牛的

管理能力 我是带人小能手

领导力初探 我的目标是做领袖

图5-3　ELDP学员的学习地图

在课程设计上，我们也做了精心的考量与安排。在传统的课堂讲授外，我们安排了每次课程的作业（个人作业和小组作业），每月一次的晚自习和课外阅读任务（指定书目的精读和泛读），旨在养成大家的阅读和学习习惯。当然，在每一期课程的结束，我们都有课程复习和总复习，以及阶段性测试和总考核，所有的学习过程都会被记入学员的成长档案，并根据一定的规则决定是否发放毕业证书。

说实话，除了上课以外的批改作业、现场点评、晚自习和各种考核工作在很大程度上增加了授课老师和培训部的工作量，甚至在每期课程的开始都会有学员吐槽说任务量太重，学习压力太大，平时工作很忙还要抽出时间来学习和完成任务，是一件很难坚持的事情。

但不可否认的是，每当每期课程结束时，同学们的反馈都让我欣慰，在已经完成的几届训练营的毕业典礼上，都有学员充满感恩地表达：这一年的学习让自己收获太大，而自己从来没有想过竟然会有这样一家企业愿意像父母一样，对自己的员工像对孩子一样，督促着大家学习和成长。也常常有前几期的学员向我反馈，说曾经学过的东西或许当时觉得用不上，但是在一段时间后就会从脑海中跳出来，自然而然地成为行动的思想指南和应用工具。

每次听到大家这样说，我的心里也真的是像他们所说的那样，充满了一个父亲面对不断成长的孩子时的宁静与富足。也真正理解了教育的延迟性，和"授人以鱼不如授人以渔"的骄傲之情。

截至成书，我们的ELDP训练营已经进行到了第五期，在这五年期间，一共有一百多位果多美的各层级管理者接受了系统的课程训练，并取得了不俗效果。

一方面，我们管理者的职业素养和能力得到了系统化的学习和训练。"腹有诗书气自华"，掌握了更多的知识和技能以后，他们变得更加自信而坚定，也在与外界打交道时变得更加从容不迫。

另一方面，由于每期课程持续一年左右，大家要在一起数次朝夕相处，且共同完成小组作业，所以在课程结束时大家的情感早已超越了同事之情，同学和战友的真情实感也让彼此之间产生了更多的信任，过去可能不那么容易达成共识的事情也就在不知不觉间变得更加顺畅与自然。

之所以说ELDP训练营是一次利他思维的高维呈现，是因为以下两方面：

1. 从课程内容上看，每一门课程的背后都有"利他思维"在发光。

尽管上文对ELDP的课程内容进行了梳理，我们也都是按照上述课程表进行授课与交流，但直到每一期课程的最后，我们才会明确揭晓这套课程背后的秘密，那就是：每一门课程的背后都是"利他思维"在发光。

比如说职场礼仪的本质是"将他人置于更高处"，比如说服务意识的核心是"站在对方角度"，比如说沟通的本质是"沟通不在于你说了什么，而在于对方理解了什么"，比如说激励的本质是"满足需求"，比如说一名优秀的培训师和演讲者的区别是后者心里装的是自己，而前者装的是学员——我们不难发现，无论是做一名合格的职场人，还是优秀的管理者，还是称职的培训师，都有一个共同的特点，那就是"设身处地的同理心"，而这恰恰是利他思维的核心所在。

因此，ELDP课程表面上是在讲礼仪、讲服务、讲管理、讲领导，但是本质上就是在讲文化、讲思维、讲"利他"，这一场学习的过程也是一次文化传导渗透的过程。

2. 从课程效果上看，员工用亲身感受验证了公司对自己的发心至善。

对于是否开始这样大规模的系统课程学习，最开始我的心里也是有纠结的。因为很明显，这些课程内容不可能很快为公司带来效益，也不可能马上看到成果。站在一个企业管理者的角度，如果要用投资回报率来作为行动方案的依据的话，很显然这是一次看不到回报甚至会亏本的买卖，公司花钱花时间花精力让那么多管理者脱产学习，而学到的东西可能要很久才能派上用场，甚至可能因为学员离职而派不上用场，这对每一个企业领导者而言都是一个不那么容易做出的决定。

但是很庆幸的是，我骨子里就有的那种"一定要让跟着我的员工获得成长"的核心思想，以及随着我对企业哲学认识的不断深入而对利他思维更深层次的理解，让我将自己的思想并没有仅仅停留在口头表达上，而是通过最实际的行动让参与本次训练营项目的所有学员得到了最真切的验证。

"成长，长成最好的自己"是我们ELDP体系课程的口号，但它绝不只是一句简单的口号，而是我们在用实实在在的行动诠释着最淳朴的利他初心。

Chapter 6
第六章 再起航

种善因, 修善缘, 果多美

本章导读

我眼中的企业文化和企业哲学

关于企业文化和企业哲学，在本书的写作接近尾声时，我也想基于自己从混沌到清晰的认知变化，跟大家聊聊这两个名词。

作为一个并没有进行过系统学术训练的企业家，文化和哲学这两个词曾经在我这儿是混为一谈的，即便在本书的初稿撰写过程中，这两个词我都一直切换使用，一会儿文化，一会儿哲学，有时自己也迷糊，到底应该用文化还是用哲学。

为了弄明白这个问题，我找了不少相关文献资料进行学习，再加上不断反刍葛教授曾经给我们做过的指导，终于对此有了一个相对清晰的认知。在此分享给大家，以避免读者由于对概念不清晰而对本书的表达内容产生混淆。

经过查阅各种文献资料我发现，关于企业文化和企业哲学都有很多角度研究。其中企业文化的研究更早更全面，光是对企业文化的定义，就有近200种，目前我看到应用最广泛的对企业文化的综合性定义是：企业发展和实践历史过程中所创造的物质财富和精神财富的总和。它包括物质层、制度层、行为层、精神层四个层面。其中，企业哲学、企业精神、企业目标、企业使命、企业价值观构成企业文化理念的五个核心要素。

而在对企业哲学的文献查找中我看到，企业哲学分为经营哲学和管理哲学，而大多数研究集中在管理哲学的领域，比如阮平南、张勇（2005）指出：管理哲学是对管理研究者或实践者的思维起指导作用的管理世界观和方法论，刘兆峰（2003）认为，管理哲学是处于一定管理关系中的管理实践者或研究者用以指导其管理思维的世界观和方法论。而经营哲学主要由日本企业家所创立，尤其以稻盛先生的观点和论述最为人所称道。

在企业文化和企业哲学的关系问题上，有学者提出企业文化的范畴更大，企业哲学是企业文化的一个核心部分，也有学者认为，从企业哲学的发展历程来看，无论是管理哲学还是经营哲学，其应用范围都已超出了企业文化的范畴，因此，企业哲学高于企业文化，是企业文化的抽象化和形而上，因此企业哲学包含企业文化。

对于本书中企业文化和企业哲学的认知和定义范畴，我的理解如下：

1. 不纠结文化和哲学的范畴谁大谁小，谁包含谁，但可以明确的是：本书中出现的文化和哲学，核心都是体现企业的人生观、价值观和工作观。

2. 有别于企业文化包含显性和隐性的内容，企业哲学则聚焦于体现企业核心价值观，因此，企业哲学的理论高度和体系程度均高于企业文化，这也是本章提到"从文化到哲学的升级"的思考源泉。

3. 在本书中，由于我们对企业哲学的思考主要源于稻盛先生的经营哲学，因此，文中所提的"哲学"均为经营哲学。

4. 基于上述原因，对本书中我们对"文化"和"哲学"的文字使用逻辑为：

1）在内容提要中，用"文化/哲学"来表述已经形成的果多美哲学手册中体现的人生观、价值观和工作观；

2）在第三章前统一用"文化"表述，而在第四章以后，我们则用"哲学"表述，以此体现从文化到哲学的升级思想。

本文参考文献：

1.胡类明：《企业文化理念的五大命题》，《经济与管理》2007年
2.阮平南，张勇：《管理理论与模式的根基——管理哲学》，《北京工业大学学报》2005年第3期
3.刘兆峰：《管理哲学、理论的实践与呼唤》，《山西财经大学学报》2003年第3期

第一节
《果然不凡哲学手册》的果然不凡

毫不夸张地说，哲学手册的编撰给我们带来了巨大的成果，这个成果有些是意料之中的印证，有些则是意料之外的惊喜。

共同的价值观成就共同的交流平台

编写完手册以后，我感受到这个过程带来的最大成果是：我们通过编撰的过程完成了一次哲学之旅，而这趟旅程让我们拥有了共同的价值观和交流平台。也就是说，手册编完，我们诸多果多美人，重新成为在同一个频道的人。

现在，我在公司工作中最经常看到的情景就是：当两个或者更多的同事在某一个问题上不能达成一致意见，甚至会有非常相反的意见时，任何一个人说的一个小小的声音都会让现场回归理性与平静。

在经营例会上，采购与门店为选择商品和定价发生争执时，一句"作为人，何谓正确？"会让所有小伙伴停下纷争，想一想顾客缺什么要什么，如何做才是真正正确的事，然后再认真思考后给出更加统一的结论。

在财务分析会上，营销部门表示对财务管理制度过于严谨和不通融提出异议时，另一位同事的一句"玻璃般透明的经营"或者"按所需数量购买所需物品"则让所有人陷入沉思，并再次换个角度思考刚刚的问题。

在人才盘点会上，当经营者对新来的员工表现并不满意且有各种各样的案例来印证时，HRBP轻轻一句"能力要用将来时"会瞬间让领导者愕然，并立即回想到自己初入职场时的惶恐不安与无力，继而生出深深的理解，甚至还有一种莫名的歉意涌上心头。

这样的情况在门店工作中会体现得更加明显。每当发生被顾客不理解而觉得委屈的时候，只要身边有一个声音在轻轻地说："总是不满意的顾客是我们请都请不来的免费质检员"，甚至就在那一瞬间，负面情绪就会烟消云散。

哪怕是碰到特别刁蛮故意找碴儿的顾客，默默在心里念上10遍"把'对'让给顾客"，心情也会变得不那么难受，脸上的表情也会变得柔和起来。

共同的价值观还会让一些很难抉择的事情突然就变得简单起来。比如在门店销售时，由于水果保鲜时间短和易坏的特性，如何处理面对那一小部分鲜度已经不能进行正常销售的残果就成了个很大的问题。是假装看不到，把它们掺和在好果里一起售卖？哪怕是刚刚升起这样的一丝念头，脑海里就会立即浮现出的另一句话"鲜度是我们的生命线"就会让刚才的想法消失得无影无踪。

是的，那四十多个条目，在果多美人的眼里和心中，就这样不知不觉地成了杠杆，成了标尺，成了需要共同遵守的行为准则。当然这种共同遵守的前置条件是大家因为曾经有过共同的经历才能造就对同一句话有深度的共同理解，所以，相视一笑的背后，是共同经历的默契。

就这样，我们在不知不觉中形成了共同的价值观，"哲学共有"这个词，从此不再只是个词，而变成了真正可操作可落地的行动指南。

携手战斗造就彼此信任的工作氛围

默契不仅体现在工作上可能遇到的矛盾中，还体现在生活、学习和其他所有共同经历的场景。

中午几个人一起吃饭时聊天，说到共同认识的某个前同事（因工作表现特别出色，现在取得很大的成就）的工作特点时，竟然异口同声地说出"深思熟虑到看见结果"——这样共同认知下的心有灵犀，怎么可能不让人感觉气氛温暖？

虽然每个人忙碌的方向不同，受到的考验也不尽相同，筋疲力尽时同路回家，在地铁上彼此看着对方的眼睛，不约而同地用一句"认为不行的时候，正是工作的开始"互相勉励，于是双方不仅感受到了这句话本身的力量，更有一种惺惺相惜的欣喜。

在需要一起接受挑战，攻克某个难题的会议上，每个人在制订工作计划阶段，心头都会闪现"乐观构思，悲观计划，乐观实行"这句话，于是，还需要多说什么吗？一切尽在不言中。

有一个变化非常值得记录。在新冠肺炎疫情发生前，公司的前后线部门，也就是门店员工和公司职能员工之间的交流并不多，大家都在各自的板块埋头工作，只有很少的情况下工作才有可能产生交叉。但在新冠肺炎疫情防控期间，由于门店人手常常吃紧，加上公司"为京城百姓保民生"的文化，公司职能部门的很多员工和管理者都纷纷主动投入到了门店支援工作中去，他们和门店员工一起为顾客指引方向、提供建议和交流沟通，在几次比较严重的新冠肺炎疫情防控期间发挥了重要的作用。门店员工面对上级部门派来的支援心里也会非常感恩。他们也通过真诚的语言和工作中的悉心关怀表达了他们的感谢。

就在这种互相帮助的氛围中，职能部门的员工和门店员工的关系有了长足进步，当然大家都深知，之所以会有融合与进步，本质上是通过互相了解和帮助，更加理解了"人人都是果多美"的意义。

最有意思的是，由于下店支援形成了习惯，以至于每次职能员工到店里,哪怕并不是去支援,只要站在门店就会下意识地开始工作,有时候穿着自己的衣服向顾客介绍商品,在顾客诧异的眼光中才发现闹了笑话。

就这样,共同的价值观和在此指引下的行为,让我们彼此之间多了信任,多了融合,多了惺惺相惜的情感,在不经意间,我们的空气里流淌着爱,弥漫着香。

始料未及的素质能力提升

果多美哲学诞生后,带给所有果多美人的二次成长让我感受最深,也是意料之外的惊喜回馈。

说实话,前面两条收获,无论是工作有异议时的判断与衡量的标尺,或者是团队建设中的氛围塑造,都是我在手册编撰前就已经有了期待和一定判断的,甚至说这就是我明确的预期成果。所以当它最终用期待的样子展示在我眼前时,我很开心,但并不意外。真正让我意外的是所有参与哲学手册编写的同事如同竹子拔节般令人惊喜的成长。

在书的开头时我就提到过果多美人学历不高,更善于"做"而不是"说",更遑论"写"的事实。但是从 2020 年 2 月到 2021 年 9 月这段时间他们所经历的成长,真是让人始料未及,且倍感惊喜。

先不说其他的,就这三次有组织、有纪律的打卡,就给了我们前所未有的锻炼。我印象最深的是，在第一次八十天打卡时，大家的文字表达非常"费劲"，据说，常常从白天就开始想，但是一直到晚上，甚至临近约定的提交时间，都还没想好到底要怎么写，很多人为了几百字，可能要琢磨好几个小时。于是不难发现，那次打卡时，大家的打卡时间集中在临近截止时间，其实并不是因为不重视，而是的的确确因为思考、转化、再表达出来太难了。

所以尽管能看到大家的努力和真心，但从文字的表达和逻辑的展示上，还存在诸多不完善之处。对于这个结果我早就心里有数，所以那时候看中的不是写作水平，而是文字背后的发心。

可是这个现象却在对果多美哲学初定条目进行阐述解读的打卡时有了显著的改善。这个改善首先体现在打卡时间上，大家再也不是截止时间前的匆匆而就，而是换成了胸有成竹的自信展示。从下午六点开始，就陆续有人提交打卡内容，等到晚上八九点时，大部分人已经打卡完毕，像过去那种临门一脚的情况几乎已不再出现。

当然还有内容的改善。无论是情感还是文字，这次的打卡内容质量都值得表扬。首先是理论联系实际，然后是表达能力增强。一个个鲜活的工作案例，一段段干练的总分总结构，如果不是一路看着他们走过来，有时候我都在想，能有这样清晰的逻辑和娴熟的文字表达能力的，是我们平时只知道拼命干活，压根儿不愿意表达的果多美人吗？

答案是肯定的。他们是如假包换的果多美人，也是在不断的实践中被验证了"能力要用将来进行时"的有"文化"的可爱可敬的人！

第二节
管理做不到的事，文化可以

曾经有很长一段时间，我和很多人一样并不认同文化对企业的作用。总觉得一个企业的发展和壮大，对外靠经营，对内靠管理。尤其是面对着一个日益壮大的企业中人数众多的员工，管理机制制度和工作标准流程才是保证员工行为统一的科学举措。所谓的文化建设，都是虚的。做好管理才是真的。但在不断尝试用管理工具改变现状却屡次碰壁的过程中，我才慢慢意识到了自己认知的片面性，也更加深入理解了文化与管理的区别，和文化对于管理的意义和价值。

从"你要求"到"我愿意"背后的思维转变

一、缺乏文化的管理就像打地鼠，问题总是此起彼伏

在没有具备文化建设意识以前，曾在过去的职业经历中接受过大量科学管理教育的我，也曾经尝试通过各种各样的管理手段来提升管理效能，帮助果多美走向系统化管理，但由于缺乏统一文化价值观的指引，而始终不得其意，也没能取得期望中的效果。比如前文讲过的"运营三板斧"，就是一个很好的例证。

2015年果多美40家门店的时候，我深深地意识到，公司想从简单的水果店集合发展成具有可持续发展的优秀连锁公司，还有很多工作要做，而在这些工作中，最重要的就是对基础工作的重视和持之以恒的坚持。加强对每一个细节的管控并形成持续精进的工作体系是一个企业从优秀到卓越的必经之路。于是，基于果多美门店的实际经营情况，我提出将"卫生、陈列和服务"作为"运营三板斧"的核心内容，并在公司内部进行全面贯彻。

为了将运营三板斧的举措真正落地，我让教育培训部设计了相关的操作流程和标准，并逐渐形成了详细的课程课件，开展了多次现场培训，形成了完善的培训制度，培训范围也覆盖了所有管理者和员工。同时，为了保证操作效果，我还建立了督察部定期检查制度，对运营三板斧的检查是督察部同事每次检查的重中之重。

除此以外，为了提升大家的积极性和保证效果，我还开创了总经理大巡查制度，即每月一次不定期地由我带领所有高管到每个店铺临时突击检查，一方面为了表达公司高层对这件事的重视；另一方面也是为了更直接地发现监察部门没有发现的问题并及时纠正，给予大家更加直接的指导。

按理说，建标准—做课程—立制度—强检查—补漏洞这一系列的管理动作不可谓不系统，也不可谓不完善，表面上看，大家都很认可我的要求，并慢慢建立了运营三板斧的意识，你在公司的任何地方问任何一名员工，他都能把三板斧说得清清楚楚明明白白。尤其是总经理大巡查制度，当时每次去大巡查的时候，每个门店的员工都士气高涨，大家都使尽浑身解数把自己的门店状态调整到最佳，可以说，每一次总经理大巡查都是一次对运营三板斧工作的全面整理和优化。

但让人遗憾的是，尽管表面上看，运营三板斧已经在全公司范围内得到了认知和行动的双重落地，但一年过去了，两年过去了，让每个人都耳熟能详的运营三板斧依然执行得不尽如人意，每次检查依然有大量问题存在，与顾客的关系略有改善，但依然时不时会剑拔弩张，陈列和清洁问题更是显示出了明显的波动规律，也就是我抓一下好一点，不抓就马上下滑。

曾经让我引以为傲的总经理大巡查制度也遭遇了巨大的挑战。随着公司战略的不断升级调整，我的工作越来越忙，也不可能总是把时间投入在具体事务中，有时候因为出差或其他工作，总经理大巡查就没办法进行。即便是由其他高管进行巡查，却由于我不在场，效果也会大打折扣。于是，运营三板斧始终无法真正落地就成了一个必然的结果。

后来我在总结这些往事时，才突然意识到，仅靠管理工具做公司管理就像打地鼠，顾了这头顾不了那头，管了这里管不了那里，摁住了一个问题，更多的问题又浮出水面，于是放眼望去，哪儿都是问题，此起彼伏，无休无止。更可怕的是，由于没有思想意识的统一，管理手段到了哪里，反抗就会在哪里，员工总觉得你所有的举措都是为了限制我，约束我，让自己不舒服，最终目的就是为了公司的利益。所以为了应付管理手段会想出各种各样的方法来敷衍应付，而不是真心解决。

二、从"为公司"到"修自己"，愿力是改变的核心

直到逐步对文化的作用有了更具象的认知后，我开始对运营三板斧的意义有了更深的思考并形成了全新的认知。

正如前文所说，运营三板斧的核心内容"卫生、陈列和服务"其实都是一些很琐碎很细节的小事，它存在于我们工作的细枝末节，一不小心就会忽略，甚至就算忽略了一时之间也不会造成什么严重的后果，这就更加让人觉得这些小事可有可无。但是如果把这些小事每时每刻都用心去做，放在一个更长的时间维度去看，就会取得令人意想不到的结果。这个思路正是我们过去教育员工时的真实思路，那个时候我们就是想，让员工理解小事的意义，但忽略了这样说的后果会让员工明显感觉到这是为公司而不是为员工着想的思路，那么员工自然就变成了看客。

但如果换个角度，站在员工自身成长的角度来看，每天把一件又一件琐碎的小事做好并不容易，它很容易让人因为不能看到明显

的效果而感到厌倦。但我们如果把做好这些小事当作一个修炼自己的道场，这份坚持和努力就被赋予了一个更新的含义。那就是可以通过一件件的细小工作修炼自己的心性，磨炼自己的意志，自己将会在这日复一日的坚持中提升自己的能力，灌注更多的能量。"简单的事情重复做，重复的事情用心做"的结果不是为了公司为了企业，而是为了让自己获得更有竞争力的品格，以及拥有更美好的人生。

当我们从这个角度给员工讲解运营三板斧背后蕴藏的文化时，员工们豁然开朗，从此对运营三板斧的理解和执行也便有了让人始料未及的进步。这一点无论是从前文详述的顾客与员工关系的改善，和战狼训练营上每个参与员工的认知的变化都能可见一斑。

必须还要说明的是，当我给员工讲解运营三板斧是为了员工自身成长这个文化底蕴时，并不是基于一种换个方式表达的"语言艺术"，而是发自内心的真诚发心。记得在疫情肆虐时，很多事情我们无法控制，看到很多员工无奈又无助的眼神，我无数次地提出，既然我们改变不了大势，那就踏踏实实从身边的小事出发，比如专心做好运营三板斧的观点，目的是大家能够减缓焦虑，并在不可知的挑战下磨炼意志，渡过难关。至于发现了这两种不同的思维方式带来的差距是在总结往事时突然的顿悟。

作为一名企业领导者，通过管理手段达到企业经营目标是"利己"的底层逻辑，而通过思想引导员工修炼自己的匠人精神是基于帮助员工成长的"利他"逻辑，这两个发心的变化，正是让很多企业领导者异常头疼的从"你要求"到"我愿意"的思维方式的变化，这种变化让我在不知不觉间印证了只有真心利他才能顺便利己（企业）的真理，也品尝到了"有心栽花花不开，无心插柳柳成荫"的意外之喜。

放弃管理，管理效果却纷至沓来

运营三板斧的例子让我突然发现了从利己到利他，反过头来又有益于自己的好处，但实际上细想起来，类似的事情并不少见。

比如一直困惑我的门店店长的职业规划问题。上文说过，我们的门店管理者绝大多数学历不高，主要是凭着不怕苦的精神、辛勤的劳动在工作中积累的宝贵经验，从而成了门店管理者，当他做了店长以后表现依然很优秀的时候，按照我们公司过去的人才发展路径，就会提拔其成为区域经理，再往上就会成为大区经理。表面看去，这是一条非常自然也是大多数企业通用的职业晋升通道，但实际上在我们公司的操作中出现了很多问题。

一方面是他们的优势在升职后无形中被削弱。原本这些门店的佼佼者最大的优势就是在门店经营中积累的丰富经验，但是一旦他们升了职，变成了区域经理，随之而来的就是工作内容发生了巨大变化，从原来的经营者变成了监督者和教育者，而过去他们擅长的那些宝贵经验在瞬间就失去了最直接的用武之地。

另一方面的问题让他们更加困惑。因为身为管理者以后，更高的管理能力要求让他们变得有些措手不及，那些原本在一线工作中总结出来的经验由于无法进行系统的规划和整理，教给其他人时总会被"在你那里适合的未必在我们这里适合"的观点所质疑，当然，更重要的是缺乏系统化的思维和能力训练也是实干家未必能成为领导者的核心原因。

但更让人郁闷的还不止这些，而是一旦从经营者的身份变成了管理者，员工对他们的心态和关系也发生了变化，总觉得某某哥怎么升了职就不像从前那么好了，某某姐咋当了官就不懂民间疾苦了等。造成这种认知的原因一方面是员工对管理工作的不理解；另一方面也确实是一旦身份改变，尤其是不在门店与员工和顾客打交道时，管理者也确实存在与一线经营脱节的情况。

以上种种，都是我们公司在发展过程中出现的真实情况，也是我很长一段时间百思不得其解的问题。明明是一群优秀的年轻人，给了他们机会升职，他们反而好像变了一个人，工作成绩不如以前，个人情绪也变得很低落。说实话，在过去的那些年中，因为这样的情况离职的优秀员工并不在少数，只是当时我虽然意识到了问题的存在，却并没有找到解决问题的方法，直到现在我想到那些员工还觉得可惜。

这个悖论的彻底解决依然是始于文化落地工作中的思考。用ABC精进赛来践行企业文化落地工作时，为了让管理者发挥更大的作用，我们取消了区域经理的职位，而让这些原本就是优秀店长出身的区域经理依然下店去直接经营门店，并以自己门店为核心带动本片区其他几个门店的经营和发展，同时，我们将过去的巡查内容变得标准化，统一由ABC精进赛的裁判来执行。

以上这些举措看上去好像把区域经理的职位降低了，但实际上，一方面保证了优秀人才留在经营一线，让他们能够更接地气地了解一线经营的苦与乐；另一方面，他们的职责除了负责本店的经营，还要负责本片区所有门店人力、商品、物料等资源的协调和统筹，他们需要组织片区会议，分享总结经营经验，带动经营意识和培养其他门店经营者的经营能力等，这些工作实际上也在承担着管理者的责任。但由于其本身就是一线经营者，与各个门店和员工的交流就有了更多的共同语言和交流平台，沟通也就变得更加顺畅而有效率。

以上这些举措的思考原点其实有两个，一方面是希望优秀管理者能够真正发挥作用，不至于无端流失；另一方面也希望其他门店的员工能够在优秀者的引领下获得更大的成长。当然，无论是哪两个方面，都完全是基于让不同职位的年轻人的职业获得更好成长的发心。

这样的做法带来的是一个接一个的惊喜。由于去掉了区域经理这样的纯管理岗位，组织就实现了扁平化，人事费用得到了很大的优化，同时由于优秀人才的深入一线，与门店和员工的关系得到了始料未及的改善，工作效能也得到了巨大的提升。更让人开心的是，由于有了用武之地，那些原本因为升职而变得沮丧和困惑的优质门店店长也再次品尝到了如鱼得水的快乐，当然，由于衡量他们工作表现的杠杆除了自己门店的收入，还有因为自己的教育和帮助他人所带来的价值回报，他们也得到了物质和精神双重的喜悦与丰收。

当初困扰我们良久的人效问题、人力成本问题和团队建设问题等诸多无法解决的问题，只是因为我们的发心从"为企业"变成了"为员工"，才取得了明明取消了管理手段，却依然得到了原本想要的管理结果的皆大欢喜的结局。

文化是管理的灯塔

一提到管理，很多人的脑中马上就会出现"约束"、"束缚"和"要求"这样的字眼。当然，这是对管理的一种误解，在诸多有关管理学的著作中我们都能看到，管理的真实含义的核心是"利用现有有限资源达到既定目标的过程"，所以管理更多的指向是在于"实现目标"而不是"约束员工"。但是在大量的传统中国企业中，大家对管理的理解都在"管人"和"理事"两个简单认知中打转，这也造成了一旦有管理制度出现，作为一线操作者的员工就会在不知不觉中站到了企业的对立面，总觉得这就是管理者为了压榨员工为企业获得更大利益的载体。

关于这个问题，杨国安教授的杨三角模型给了我很大的启发。

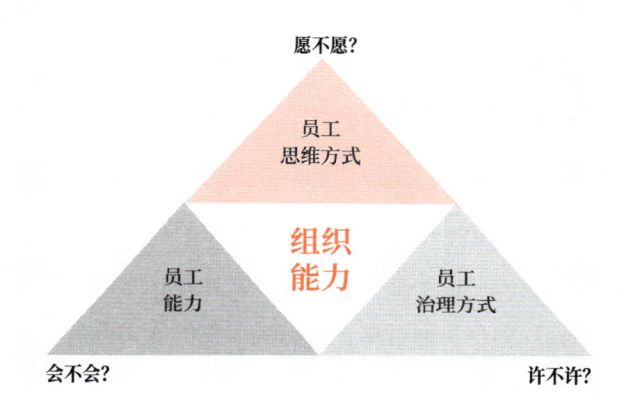

图6-1 组织能力提升的杨三角模型

杨教授认为想要让企业的组织能力提升，无非是要解决三个方面的问题，一是解决"愿不愿"的问题，即员工是否能够发自内心地愿意去工作，二是解决"会不会"的问题，即员工是否具备了工作技能和方法，三是解决企业"许不许"的问题，即企业是否建立了能够匹配员工发展与成长的环境土壤，如是否建立了相应的管理制度、薪酬绩效和个人发展等机制。

结合果多美这么多年组织发展的过程，我对这个模型的理解也是感同身受。一是虽然关于组织发展的内容有很多，但万变不离其宗，说白了就是要解决"愿不愿，会不会，许不许"这三个问题，其中"愿不愿"和"会不会"是通过员工的行为来体现效果，而"许不许"则直接对企业提出了要求。

更重要的是，在这三件事中，表面上看这三者三足鼎立，缺一不可，但"愿不愿"却以当仁不让的重要程度排在了三角形也可以说是金字塔的顶端，显而易见，文化共有则是解决员工"愿不愿"问题的制胜法宝。

再说个不够严谨但大概能够表达出意思的我的理解，就是在企业组织建设过程中，"愿不愿"可以通过文化建设来解决员工的愿力问题，"会不会"则是说通过培训来解决员工的能力问题，而"许不许"则在某种程度上体现了管理的价值。而如果没有文化的指引坐镇顶层，管理就缺乏正确的方向。

没有文化的管理就是缺了灵魂的书，即便看上去眼花缭乱，也会味同嚼蜡，而有了文化的管理才算真正具备了灵魂，成为员工的行为灯塔。

第三节

从文化到哲学的升级

既然果多美曾经有文化,那为什么还需要哲学?如果说从文化到哲学是一种升级,那么这种升级体现在什么方面?关于这两个问题,我的回答如下。

果多美为什么需要哲学

这个问题的答案,我认为有两个:

1. 哲学真的能够解决现实问题

在本书的第一章,我就清晰地向读者做了说明,作为掌舵人的我之所以产生了要开启果多美哲学建设的起心动念,其实就是源于当时我们在发展壮大的过程中碰到了不得不解决的问题,那就是顾客问题和员工问题。

表面看起来,这些问题都可以通过不同的方式去解决,但我们尝试过很多方式方法最终都失败了。痛定思痛以后,我才突然意识到,看起来完全不同的两个问题,其实总结一下就是"做人"和"做事"的问题,而"向善"和"向上"则是解决这两个问题的终极答案。由此我们便成功开启了果多美文化升级的阶段性成果,并最终形成了至今虽不成熟,但已初具雏形的哲学建设成果——《果然不凡:果多美奋斗者成长手册》。

同时,恰逢新冠肺炎疫情暴发的特殊时期,我们又借此对总结的各种条目进行一次又一次被动或主动的验证,而验证的结果让我们越发相信,原来哲学可以让我们坚定、勇敢以及无所畏惧。

等到我们通过战狼训练营和ABC精进赛这两个哲学落地的实践项目从组织上再次进行验证时,让人原本觉得不可思议的情况再次发生。由于战狼训练营的引导,我们员工的思维方式发生了巨大转变,通过大量的实际案例和数据展示,上过战狼训练营的管理者和员工的心性普遍得到了成长,他们在面对困难时的勇气和决心也都比一般员工更出色。

与战狼训练营的思想洗礼相比,ABC精进赛带给大家的触动还要更深刻。在每月一次的店长大会上,A级门店店长获得的礼遇和C级门店店长遭受的冷遇,所形成的鲜明对比,别说是那些年轻的孩子,就连年过不惑的我,面对那个场景也会由衷地产生情景代入后的强烈感受。但也正是由于这样现实而残酷的情景,才会对年轻人产生直达心灵的触动,从而真正激发心性的提升。

回想起来，从深感企业问题必须解决而升起哲学建设的念头，到如今哲学手册出炉，员工价值观哲学共有的初步阶段性成果达成，大概经历了两年多的时间。这两年中，虽然历经各种考验和磨难，也经历了很多挫折，但不得不说，这些看似简单的文字背后真的有种无形的力量可以帮我们解决问题，并且真正帮助我们解决了问题。

在 2022 年度刚刚出炉的由第三方出具的顾客满意度调研和员工满意度调研报告显示，本年度顾客满意指数达到了 85%，而员工满意度则达到了 86%，不得不说，虽然任重道远，但让我曾经最痛苦的问题的确已经有了很大的改善。我们用实践验证了哲学的神奇力量。

2. 有了哲学的引导，工作实践才变得更有意义

我觉得稻盛先生确实是在全球企业家群体里面是非常杰出的人物。他一生创办了两个世界 500 强企业，78 岁的高龄还拯救日本航空，并在短短一年时间里将这个濒临倒闭的国有企业，带上了高收益、高增长的轨道，堪称奇迹。

在接触稻盛先生思想的过程中，我惊奇地发现，原来他所有的企业经营的思想都源于中国的禅宗文化，并将其和企业经营相结合。这个发现让我生起了浓厚的兴趣，于是我开始学习稻盛哲学。

整个学习内容包含两个板块，一是对稻盛先生的企业经营哲学——《京瓷哲学》的学习；二是对先生的实学包括会计七原则和阿米巴的学习。

第一个板块就是传统文化到底如何和现代企业经营相结合，这是我找了许久都没找到答案的领域。

稻盛先生说，企业经营既要有哲学，也要有实学。哲学是土壤，实学是种子，在种庄稼、种果树之前，不进行土壤改造，那是不行的。但是光有良好的土壤，没有优秀的种子和后期的种植管理，也种不出好水果。这样的观点让我恍然大悟。

另外，稻盛先生主张"让全体员工享受物质和精神的双丰收"的理念深深打动了我。物质丰收就是要让员工获得收入，精神丰收就是要让他们心性上得到成长和进步。实际上这个提法有效地解决了企业与员工之间的关系，也就是说企业有一个非常重要的使命，就是要帮助员工实现"物心双幸福"。

有时候我也能够感知到企业需要解决员工的问题，但是解决员工问题的时候总会发生偏颇。比如仅用利益来诱惑员工，绩效考核、股份分红等物质方法来激励员工，结果与预期往往大相径庭。物质激励只会激发员工无休止的贪欲，甚至导致员工为了追求物质不择手段，经营动作开始变形，甚至为了挣钱，对顾客坑蒙拐骗，最后适得其反，让自己和企业都走上不归路。

另一个问题是，我们要让员工成长和进步，就要拼命地教育。表面上是教育员工进步，可在员工眼中却是"忽悠"和"洗脑"，让员工干活但又不让其获得正向的回报。稻盛先生将两者兼顾，不偏不倚，希望员工获得与自身心性成长相匹配的物质，我觉得这就符合了中国传统文化里面厚德载物的精神，会激发员工通过正确的方式获得物质、追求利益。所以"物心双幸福"对于如何解决企业和员工之间的矛盾问题上,指引了非常清晰的方向。

刚开始的时候,我对"文化到底是什么"这个问题是比较模糊的。通过稻盛哲学的学习以后,我发现,文化就等于"价值观 × 思维方式 × 行为方式"。说白了,就是通过文化让企业的整个组织拥有共同的价值观、共同的思维方式以及共通的行为方式,就是通过文化的感召让大家心往一处想,力往一处使。

当然人与人之间肯定有差异,100%的相同不现实。所以每个人在文化的理解上有深有浅,我觉得企业不应该要求100%的共同文化,所以我提出,对文化的打造不追求"共同",而追求"共通"。因为"共通"就是对大文化方向的认可,在小的细节上给予包容,这才是一个组织文化的根本。

每个人都会由于自己原生家庭或者背景产生文化认同上的差异。但文化和知识不同,知识是相对客观的,有衡量标准,但文化不一样,文化是根植于自己内心的价值判断,遇到问题的时候的思维模型和行为准则。

事实上,人通过学习和周围环境的影响,其文化价值观会发生一些变化。文化是影响人、改变人的核心,所以我们说你这个人真没文化,不是说这个人没有知识,没有技能,恰恰就是说这个人的素质和底层思维逻辑差。文化可以说决定着一个人的命运。低文化者可能就是低命运,高文化者那就是好命运。

文化太重要了，真正要想去改变一个人，不是传授其知识，不是传授他经验，更重要的是要提升他的文化水准，说白了就是要提升其价值观。

价值观简而言之就是怎么看待价值，也就是说，是对自己有价值，还是对别人有价值。越是底层的人，越认为人的存在就是"利己"的。认知越高的人，会发现存在就是"利他"的。只有最大化地"利他"，才能最大化地"利己"。

所谓思维方式，就是当我们遇到问题，怎么来思考和做判断。要想真正去帮助员工改变命运，让其成功，首要做的就是要提升他们的文化水准，让他们具有正确的价值观、人生观、工作观，具备正确处理问题的思维方式，以及在行为上如何约束管理自己。这就是文化。

对企业文化更深的理解就是企业创立之初，企业家的起心动念。比如说果多美创业之初，就是让中国人吃水果不再有顾虑，"三个无忧"就是这个企业的种子，但是这个种子如果种在一个贫瘠的文化土壤上，就不可能开枝散叶。所以光有种子还不行，还必须有文化的土壤。所以学习完稻盛哲学以后，我觉得企业文化的再造，犹如种果树的土壤再造一般至关重要。尤其是企业越来越大，团队成员越来越多，大家的文化结构复杂，有的来自农村，有的来自城市；有的读书少，有的读书多，文化差异非常大，就会造成意识上的冲突、团队的冲突，相互的不认可、不协同等，问题会越来越多。这样的组织、团队实际上是做不到心往一处想，力往一处使的，也不可能形成合力和战斗力。

第二个板块就是实学。稻盛先生提出来的阿米巴本质上是最小作战单元和独立核算，实际上就是要求所有人都能成为经营者。当人人成为经营者的时候，他的思想和思维方式才会去转变。阿米巴是非常好的组织管理体制。但是文化/哲学与实学相辅相成，缺一不可。文化先行，实学在后，就是你得有良好的土壤，然后才能种上种子，进行种植管理，什么时候施肥，什么时候浇水，这样的管理动作才能发挥作用。

我们也不难发现，有的企业为了追求效率和效果，在文化还没有塑造起来或者渗透性还不足时，就开始做阿米巴。结果就是由于没有价值观和思维方式的塑造走向另外一个极端：以结果论英雄。员工总是想我为企业创造了多少价值，企业给我多少回报？尤其是内部交易中，就会唯利是图，拼命抬高价格，让整个组织变得趋利。这样下去就会出现一个情况，很多企业本来还不错，却都因为导入阿米巴让企业濒临破产，甚至直接破产，团队也四分五裂。

从文化到哲学的升级

前文说过，果多美之前其实也是有文化的，尽管我们当时并不知道这就是文化，但这些文化却由于各种各样的原因，机缘巧合地对果多美的发展起到了巨大的推动和促进作用，哪怕说它们成就了果多美的今天也毫不为过。

这一次在葛教授的帮助下，我们最终完成了果多美自己的哲学手册《果然不凡：果多美奋斗者成长手册》的1.0版本，虽然还不是很成熟，但至少我们已经开启了哲学之路，阅读前文，大家也都知道这个过程我们的收获满满，感悟多多，只是我后来一直在问自己这样的问题：文化等于哲学吗？为什么过去我们说文化很顺口，现在却觉得哲学的表达更贴切，这次我们经历的哲学之路和文化建设又有什么不同？

1. 认知升级：确定"利他"原点

在果多美过去的所有文化中，尽管我们一不小心暗合了后面才慢慢发现的"道"，但在当时我们是没有真正理解的。

就像最初我们提出的"三个无忧"和"两个性价比"，当时提出的背景还是为了公司的经营和业务，是在不同的历史阶段，为了提升经营业绩，促进公司的不断发展的选择。我们发现只有满足顾客的需求，才能赢得他们的信任，所以我们才去努力发现顾客的需求，确定顾客的需求，迎合顾客的需求。

发现顾客对安全、健康和价格的关注度比较高的时候，我们提出了"三个无忧"的概念，发现随着时代发展，有不少顾客开始对价格不那么敏感，反而更关注品质时，我们又提出了"品质性价比"和"价格性价比"的两个概念，既锁定了过去认可果多美"价廉物美"认知的客群，又开拓了追求更高品质的顾客群。

当然，关注顾客需求，匹配顾客需求从客观上也符合了"利他"的原则。但不可否认的是，提出该文化战略的初心却不是为了"他",而是为了"己",当然这里的"己"不是个人,而是企业,从个人与企业的角度看,站位于企业的视角已经是"利他",但站在社会与企业的角度看,企业就成了"己",而社会才是真正的"他"。

真正从"利己"到"利他"的转变,是在果多美到底要不要卖菜的思路转变中完成的。当时的具体情形在前文已经做了阐述,在这里我想总结一下。那时候决定要卖菜时,其实我的内心深处已经有了判断,那就是要把社会责任放在第一位,老百姓的需求是高于企业需求的,即便是企业亏损,没有丝毫盈利,这件事也必须做。

从"坚决不卖"到"一定要卖"的思想转变源于自己朴素的人文情怀,但最幸运的是稻盛先生给了我一个特别坚实的理论基础,那就是我们后来常常挂在嘴边的词"大义名分"。第一次听到这个词,我就立即有一种"知我者,莫若稻盛先生"之感。就像是漂泊在外的游子,突然找到了可以憩息的港湾,心里充满了知遇之恩的欣喜,再加上对《京瓷哲学》的仔细研读,更加印证了过去自己的所有经验,也让很多问题都能在这儿找到答案,这才有了更加笃定的意志。

因此,笃定"利他思想",是我、是果多美、是一切有良知的企业家自我成长的必经之路,也是从文化到哲学升级的第一个总结。

2. 内容升级：从点状到系统

除了前文所说的"三个无忧""两个性价比""五大战略"等文化，果多美还有很多属于自己且有着鲜明特点的文化，比如"哥姐文化"，就是门店的员工之间都以兄弟姐妹相称，且经过一段时间以后都以家人的方式相处；比如"奋斗者文化"，所有果多美人都认为"奋斗"是自己的底色；还有很多果多美人一直在坚信和践行的"感恩文化"和"主动文化"……应该说，果多美的这些文化可能没有整理成文字，着意宣贯，但果多美人确实有文化，也在实施文化，这些文化有自己的强大特点，也为果多美的可持续发展立下了汗马功劳。

但也不得不说，这些文化都是零散的，点状的，不成体系的。由于是在实践中积累，在实施中形成，所以既没有系统的总结，也没有刻意的提炼。它们就像一颗颗散落的珍珠，被广泛地分散在经营、管理和服务的每个流程和标准中，用的时候会发出熠熠的光，但是找的时候却很难发现。而这次果多美哲学手册的编写则非常好地弥补了这个遗憾。

在葛教授的帮助下，我们从青岛之旅的头脑风暴中，运用葛教授教给我们的三维"SWE"法对果多美所有过去的文化进行了非常详细和完整的梳理，让它们第一次在同一个时间和场景下尽数出现在我们的面前。说实话，当我们整理出果多美的所有文化时内心也是非常震撼的，想到自己也是这样一个有"文化"的企业，竟然还觉得有点自豪！

当然，更系统的整理出现在对《京瓷哲学》悉数读完后，开始痛苦却又非常有价值地对果多美文化进行系统性输出时。一方面，有葛教授"食稻有化，哲学有谱"思想指导下的架构表（谱系图）做理论依据；另一方面还有《京瓷哲学》和《日航哲学》做实践参考，以及葛教授辅导的其他曾经做过哲学手册的企业的逻辑可做参考，给我们在梳理果多美哲学手册的时候平添了很多依据和底气。

最终，经过多次碰撞和梳理，我们将果多美哲学手册定为"平凡创造非凡"和"共筑伟大事业"两个部分，分别从做人、做事和经营企业等角度来撰写。直到此时，我们才终于将那一颗颗散落的珍珠串成了一大串熠熠发光的珍珠项链。

3. 效果升级：从提炼到共有

最后一个对从"文化"到"哲学"的升级思考来自对效果的考量。过去，我们的文化只存在于某些特定的人和特定的群体中，无论从影响范围到影响深度都有参差不齐的现象。曾经一起经历过困难和挑战的同事，对某个文化的理解就会更强一些，新来的同事共鸣就会弱一点。比如一个门店的员工曾经经历的事件与顾客相关，那可能就对顾客文化的体验更深；如果在一起携手挑战过因缺人导致的工作困境，那就自然对"大家族主义"的文化感受更强烈。而新来的员工虽然可能在上级或同事的感召下对过去的文化有些感知，但由于没有共同经历，其认同感和理解度自然与前者不可相提并论。这也是为什么我们总觉得果多美处处有文化，却又怎么也没办法精准表达。

造成这个现象的原因,一是缺乏提炼,二是缺乏共同经历。而这次果多美哲学手册的诞生,恰恰在这两个方面得到了最强的验证。

我们按照葛教授讲授的哲学手册的落地流程,第一步读完《京瓷哲学》,掌握原理和工具,完成了"食稻有化"的要求。第二步根据 SWE 理论进行企业诊断,找到了属于果多美的 MVV,实现了"哲学有谱"。第三步是进行架构整理,形成了属于自己的手册框架和条目确定,也就基本完成"文化再造"。而在共同进行这三个步骤的共同经历中,我们又在不知不觉中完成了"哲学共有"的过程。

以上三个步骤,是葛教授最初给我们进行辅导时就给的文化落地的建议,我们也多次沟通过,并对此流程达成共识,如果没有新冠肺炎疫情,这个过程我们应该也会经历,也会出一本像样儿的果多美哲学手册,但是由于经受了新冠肺炎疫情的考验,我们这本手册的"共同经历"则显得更加厚重与不凡。

是的,这本哲学手册的背后,我们的哲学共有不仅是共同编写手册过程中的"编"的共有,更是在新冠肺炎疫情发生时,我们提前边学边练的"验证"共有。也正因为这场特殊的经历,才让我们的哲学意味变得更加直接和浓烈。

以上,无论从认知、内容还是从效果上,这次果多美哲学手册的编撰过程,都是一次从文化到哲学的升级过程,也是果多美文化迭代的一次里程碑事件。

企业如何推进哲学落地

读者应该可以看出,本书行文至今,其实就是在描述果多美整个文化哲学的建设之路,通过这一场并不短的旅程,我对企业哲学建设从懵懂,到反思到输出,的确也有了很深的体会,在此将过程中积累的有关企业进行哲学建设的一些感悟分享出来,一方面是对本次哲学建设进行阶段性总结;另一方面,也供有需要的企业家朋友和读者参考。

首先,特别需要明确的一个重点是:文化哲学绝不是用来糊弄人、忽悠人、欺骗人,而是用来帮助人,影响人,改变人的。所以做文化哲学的起点不是研究文化是什么怎么做,而是要把自己的心态摆正。

在确定正确的初心后,我将需要考虑的文化哲学层级和关键要素总结如下:

1. 企业哲学建设应该经历的六个阶段

第一个阶段:存在,即必须得有文化,能够提炼出文化。

第二个阶段:看见,即明文化,必须用文字写出来。

第三个阶段:阐述,即对于构成文化的关键词辅以案例进行阐述。

第四个阶段:渗透,即做到所有员工都发自内心地认同。

第五个阶段:实践,即在实践中得到运用,并能解决企业经营、员工工作生活中所碰到的问题。

第六个阶段：成果，即产生顾客满意度、员工满意度提高的成果。

截至目前，果多美初步完成了前五个阶段，还需要在后期不断迭代、完善、提升。而第六个阶段是一个长期深入的过程，不可能一蹴而就，我也做好了充分的准备，希望与果多美一起，通过五到六年的时间，让果然不凡文化根植于每个人的心田，让果多美的每一个人都从平凡到非凡，成为真正果然不凡的果业人。

2. 哲学落地的四个忠告

除了上述六个阶段，我也总结了四个关于哲学建设的忠告分享如下：

第一个忠告就是一定要有自己的哲学。所谓自己的哲学，有两个层面。

一是：自己的哲学一定是基于自己的生存结构，比如果多美哲学手册里提到的文化，绝大部分来自过去帮助果多美成功的原则原理。同时也会考虑未来企业面临什么样的挑战，需要哪些文化或者哲学来保驾护航，基于企业生存结构的文化，才是自己的文化。比如哲学手册就是希望告诉大家，即使是像果多美员工那样来自农村且学历不高的普通人，通过向善向上的努力，也可以成就不平凡的人生，这也是《果然不凡：果多美奋斗者成长手册》名字的由来。基于员工生存结构的文化，才是自己的文化。

举个例子来说，如果你和农村人讲城里人的文化，农村人肯定理解不了，同样你要和城里人讲农村人的文化，他同样也理解不了。所以一个好的哲学一定要得到员工发自内心的认可，一定是基于他们的生存结构，这才是自己的哲学。这就是为什么企业家觉得《京瓷哲学》非常好，但是员工认为它"太高、太远"，当然在没有自己哲学之前，《京瓷哲学》是我们学习的最好选择。

二是：自己的哲学一定是从解决员工工作、生活问题的角度来表述，会让大家从心里接受，觉得哲学是基于我的现状和问题思考的。只有让他们感觉到这本手册不是为了解决企业问题，而是为了解决自己的问题，这样的哲学才是自己的哲学。比如哲学手册的所有条目，实际上都是针对员工当前的问题设定的，换句话说无论你在工作和生活中碰到了何种问题，都可以在哲学手册里找到解决方法。这里包括如何做人、做事，如何和伙伴们沟通，如何和顾客交流，如何经营等。

第二个忠告是一定是先有哲学才有实学，次序不能颠倒。在这里特别要强调的就是不能先做实学，再做哲学。很多人对于哲学的学习，都会觉得太抽象，不能落地，实际上这是对哲学和实学之间的关系理解得并不深刻。如果光有哲学或只是停留在讲哲学的层面，确实会让员工觉得空洞，毫无价值和意义，只有把哲学和实学进行有机结合，或者把哲学演变成实学，那么哲学才是有力量的。

但是还有一种情况，就是大家认为我能不能先做实学？因为实学最能改善经营现状，改善问题，所以大家可能就急功近利，过于贪婪了。这么一来，由于没有哲学原则原理的规范和牵引，久而久之员工就会有变形动作，这也是果多美之前血淋淋的教训，尤其是"我的未来我的店"项目失败的一个最重要、最根本的原因。因此先有哲学才有实学，这个逻辑是绝对不能颠倒的，也不能变的。

第三个忠告是，有了哲学，必须关联教育，也就是要哲学共有。前面我也特别提到，光有一本哲学手册，通过员工读书打卡，都还不够。要把这个哲学产生的背景以及它背后的逻辑，用一些真实的案例和大家说清楚。因此我们要建立一套教育体系，这就是哲学共有的过程，比如果多美的战狼营，实际上就是果多美哲学手册的研学体系。

培训是工作技能的提升，培养是经营思路的提升，但是教育是心灵层次的提升，因此哲学关联教育不是搞一场培训会，更不是一个意识观念的培养，而是来自心灵深处的启发，我用一个词，教育是"启灵开慧"，是价值观、人生观、事业观的重构。稻盛先生说"提高心性、拓展经营"，就是说的哲学教育这个层面。哲学手册是教育大纲，研学体系才是教育本身。

第四个忠告是，哲学还必须关联机制。前面我已经有所介绍果多美门店 ABC 管理机制，就是必须和实学进行关联，哲学和实学这两者是相互联系的，千万不能在公司内部一边讲着一套哲学，一边又干着另外一套实学，形成"两张皮"的结果就是前后之间矛盾，员工也不知道哪个才是对的。必须让哲学和实学进行统一才行。

实学是哲学的实践版本，哲学是实学的抽象版本，它们之间的关系相辅相成，融合统一。

第四节

种什么因，修谁的缘，结什么果？

"种善因，修善缘，果多美"是我们最新明确的企业信念。2020年12月19日，在果多美哲学手册研讨会上，我首次发布最新整理出来的果多美企业信念、使命、愿景、价值观、企训，并对这些内容背后的意义做了阐释。讲解完毕后，在场28名来自公司不同部门的哲学手册编委会成员无一不动容。所有成员自发击掌、相拥，大家真正理解了果多美种的是什么样的善"因"，修的是什么样的善"缘"，而在这两个前提下，我们未来的成"果"会有多么美好。大家的心中都激荡着同一个感受：作为果多美人、作为水果产业中的一员，我们深感荣幸和自豪，并从中获得了源源不断的能量。虽然后期我们对MVV做了修正，但是第一版MVV仍然值得我们回味。

果多美种的是什么善因?

MVV（使命、愿景、价值观）是企业哲学的三个重要组成部分，可以说是果多美创立的初心和发展的原点。

一、对果多美使命的解读

使命就是一个企业存在的价值和意义。企业最大的价值和意义就是"利他"。不仅是企业，任何生命或者事物存在的本质和真相就是"利他"。

有一次在厦门参加学习，我去了鼓浪屿，小岛上全部被植物覆盖，突然我看到一棵参天大树，一瞬间就被震撼到了。我开始思考，这棵树表面看只是一个生物，但它存在的本质一定是对整个自然生态系统形成有帮助的。从游客的角度，这棵树给我们增添了闲情逸致；从生态的角度，这棵树下的土地、植物和其他动物、微生物，也都在这棵树的作用下紧密联系在一起，大家相互奉献、相互依存，各自实现着自己的价值和意义。

那一刻我感悟到，自然界的万事万物都以某些形式存在，而"利他""对别人有帮助"就是他们存在的根本价值和意义。每一个生命都在奉献，也都在收获，当我们奉献更多的时候，我们生命的价值和意义就会越大。

当你是一个小能量体时，如果要实现更大的价值和意义，就要更多地将自己贡献给更大的能量体；当你是一个大能量体时，也要对得起自身获取的别人贡献的能量，做出更多的贡献。常人说"厚德载物",如果你拥有了别人给予你的能量而不做出对等的贡献,那么这些能量终将消逝,并给你带来大麻烦。

所以我常常告诉自己,要不然就把自己贡献出去,要不然就少摄入一点。所以我做了一个选择,我必须将自己的生命贡献给果多美。果多美对我而言是更大的能量体,将能量贡献给果多美必将实现更大的价值和意义。果多美作为企业应该把能量贡献给社会、回馈社会,因为社会是更大的能量体,这样企业的价值和意义也会最大化。

使命一:为奋斗者提供公平、公正、公开的成长平台,让他们获得丰厚的回报及一段值得回味的人生。

稻盛先生对于企业使命有一条经典的描述:让员工获得物质精神双丰收。因为只有把自己的能量贡献给员工,才会有更多的能量向企业聚集,让更多人产生愿力,为企业作贡献。这就是能量吸引法则,能量越大就越能吸引、汇聚小能量。

我们发现果多美有能量,但是我们在发展中出现了太多的问题,其中最大的问题就是不少果多美人丧失了奋斗者意识。很多人躺在过去的功劳簿上,生活在"舒适区"不愿意跳出来,但果多美成长的秘诀就是持续奋斗。老一代的店长们作风强悍、敏锐、果敢、有担当,全身心投入在工作中热情高涨,但现在很多店长,订货先考虑积压损耗,不敢挑战高目标,未战先退,完全失去了奋斗者的激情。所以我们提出"奋斗者文化",就是为果多美人的成长找回原动力。

公司对于奋斗者有哪些责任呢？我们要培养奋斗者、激励奋斗者、发展奋斗者。想要做到这些，就必须有一个完全透明的，公平、公正、公开的平台，不让雷锋吃亏，让那些勤恳奉献的人得到关注、得到认可。所以公司在本质上是一个员工的成长平台，让所有人通过工作完成自我的修行，让自己的内心变得越来越纯粹，最终收获物质和精神的双丰收。企业绝对不能养懒人，滋养人的恶性。

另外也告诉所有人，哪怕是一个店长，只要是管理者、领导者，就必须努力搭建公平、公正、公开的平台，并不断维护，让所有员工顺利成长。就像我们 ABC 精进赛，目的是员工成长而不是优胜劣汰。双 C 店长被夺取经营资格以后会下放学习，但工资依然是店长的工资。因为我们不想因为钱的问题把人拉到心性的底层，而是希望他能看到自身的不足并立志改变。优秀的店长必然是经历这样的体验和过程才能获得成功。ABC 精进赛就是一个过程、一个练习场，并不是我们工作的全部。一次店长见面会上我特别提出来，我非常害怕不完善的 ABC 精进赛变成公司的管理手段，而不是理想中促人成长、促人反省、促人奋斗的平台。

果多美创立于 2009 年，迄今已有十三载。作为传统服务型零售企业，我们很多一线员工都是来广大农村地区，他们怀揣着梦想，背负着父母妻儿的期望，没有先天的资源优势，只能靠勤恳的奋斗来改变自己的命运。所以果多美的第一个使命，就是要对员工负责，让每一个果多美家人都能通过自己的努力，通过果多美这个平台，获得一份丰厚的回报和一段值得回味的人生。

使命二：让天下人享受水果好生活，更便利、更新鲜、更实惠、更健康。

果多美把能量贡献给社会、回馈社会，我们的价值和意义才会最大化。所以让更多人因水果而幸福，是我们一项重要的使命。

我一直认为，人要专注，一生只能做一件事。我从工作开始就是做零售，无论大商超还是便利店，或是社区生鲜店，做过很多品类，只有做到水果的时候，我才体会到无穷无尽的魅力。

水果看似很平凡，实则伟大。水果是大自然"十月怀胎"，吸收阳光雨露，最后奉献给人类最美好的食物。水果不需要任何加工，我们直接吃原果就能感受到愉悦，也常用来当作人与人之间相互馈赠的礼物。所以水果也是一种情感商品，既能调动人的情感，也能传递人的情感。水果经营需要非常高的心性，因为它是有生命的，有情感的。

表面上看起来一样的水果，内在本质的差距很大，所以心术不正的人就会利用它的表面来骗人。很多人经营不下去，包括资本支持下有些商家不断烧钱、补贴，最后补贴不动了，就降低品质。所以做水果的人没有非常高的心性以良知经营企业，那么迟早会失败。

从更高的维度上讲，我们就是大自然的布道者，我们用水果来布道。大自然馈赠给我们了，我们把大自然的馈赠再传递给更多的人。用良知做生意，良知就是道，利他就是道。所以我们提出"让天下人享受水果好生活",并进一步诠释了什么才是水果好生活,即"更便利、更新鲜、更实惠、更健康"。

更便利

互联网时代的来临,大家动动手指就能够实现送货上门,如何让顾客更便利地买到我们的水果是目前非常重要且紧急的任务。所以在布局更多线下门店的同时,我们也同步开展线上商城业务,争取覆盖每一个社区,方便大家的日常生活。

更新鲜

除了基于服务的便利性,基于商品的新鲜是人们对水果的第一感受认知。鲜度经营就是我们的生命线,丢掉鲜度这个基础,我们就难以发展。所以我们在ABC精进赛中也大力去查鲜度问题。

更实惠

顾客不变的诉求就是"物美价廉"。实惠是一种相对的感受,所以我们关键要让顾客觉得实惠、超值。我们曾提出"四星品质三星价格"的口号,这就是对超值的追求。目前我们也在通过线上平台、拼团等渠道,给顾客传递更多的实惠。

更健康

如果说便利、新鲜、实惠都算是肉眼可见的诉求,那么健康绝对是更深层次的更高要求。现在国人健康意识逐渐提升,但健康理念还未成熟。生活条件越来越好,很多人却存在亚健康状况,以后人们对健康的意识肯定越来越强。商家可以在新鲜、实惠上做文章,在健康上却不好做。对于健康需求的满足,将成为未来竞争的绝对壁垒。说自己健康，消费者会认为你在忽悠，其实是没有信任和信息公开化做支撑，而被信任恰恰就来自一家企业的良知。只要果多美将这"四个更"坚守下去，企业一定能在竞争中脱颖而出，获得持续长久的发展。

使命三：引领水果文化，推动水果产业健康发展，造福天下民生。

"造福天下民生"与"天下人享受水果好生活"不同。造福不仅仅是指享受好吃的水果。中国目前整个果业发展还不成熟，种植秩序也缺少必要的引导，未来产能过剩仍是大概率，很多农民、企业都背负着巨大的风险。所以我们希望引领、弘扬水果的"共生文化"推动水果产业健康发展，就是希望与水果关联的每一个人都幸福，不仅是吃水果的，还有卖水果的、种水果的人，即造福天下民生。

二、对果多美愿景的解读

愿景就是果多美最终要成为一个什么样子，为什么而活。我们明确提出果多美的未来构想，这些愿景，描绘出了果多美人心中的蓝图。

愿景一：一家充满阳光的企业

阳光是有温度的，阳光是灿烂的、充满活力的。阳光的企业充满了感情，能照亮人的心田，照见人性的弱点，驱散心灵的阴霾。我们每个人都将因为在这家企业而变得乐观开朗、自信阳光。

愿景二：一所安身立命的成长大学

"安身"是我们通过在果多美的锻炼学会做事，以取得物质上的回报，满足基本生理需求；"立命"是我们通过在果多美的磨炼学会做人，明确此生的使命和责任，以收获精神上的富足。"大学之道，在明明德，在亲民，在止于至善"。我们都立志把果多美建设成这样的人生成长大学，不仅培养人做事，更是教育人做人。

愿景三：以水果为核心，传播经营真谛的生态圈

以水果为媒介，向上下游的生态圈的行业、产业的同人们传递"共生""良知"的水果文化，明确企业经营的核心使命是帮助员工成长，解决消费者的痛点、解决社会的痛点。利他才是最大化利己，利他经营才是经营的真谛，先利他后利己才是经营的智慧。将产业内的供给关系，引导到合作、共生的关系，一起努力解决行业、产业的问题，从而解决社会问题。

愿景四：一处情有所依、心有所归、立根铸魂的精神家园

一个好的企业，不仅满足员工的成长发展，更要关注情感的依赖，这两个需求相互促进，也相互矛盾。成长发展与相互依赖是人最原始的两个诉求，满足一个就会走向极端。精神家园就是一个值得寄托情感的地方，也是大家心心惦念的地方，因为这里使我们的价值观得到了重塑，发起了对生命的觉醒，明确了人生的使命与责任。一群人、一辈子、一起飞、飞更高。

三、对果多美价值观的解读

价值观是一把尺子,是衡量我们做人和做事的标准。果多美的价值观,包含着对果多美以及果多美人,做人做事的基本要求。

1. 企业价值观:员工第一、顾客至上

企业以人为本,利益员工、利益顾客,顾客好、员工好,企业才能好。员工是第一,企业的发展一定要基于对员工能力的培养,而顾客是至高无上的,他们不在重要性的排序中。

2. 做事价值观:善团结,勇担当,敢挑战

聚人心是一切工作的基础,所以首先要善团结。勇担当才能履行好职责,敢挑战才能不断成长。

3. 做人价值观:懂感恩,讲诚信,有激情

感恩是为人的基础。从感恩父母、师长到感恩公司、社会,有了感恩之心,才会真正生出利他之心。做人不坦诚不讲信用,那是极端的自私自利,事实上,至真至纯才有至力,吸引和感召更多的人来助力。而激情,会让我们成为旋涡的中心,聚集资源在我们身边,就会有好的工作与人生的结果。

果多美修的是什么善缘

关于这个问题,我也曾思考过很长时间,最后是在我们不断迭

代战狼训练营的过程中，将这个问题彻底想清楚了。表面上我们是在经营一家企业，实际上我们是在做"三心合一"的事，就是要把自己的初心、员工的真心、顾客的爱心融为一体。说白了就是以自己的初心去赢得员工的真心，进而收获顾客的爱心。只有这样企业才能够真正走上经营正道，做到天下无敌的境界。

一、修自己的缘：寻找自己的初心

每个人都有自己的初心，无论是我自己，还是果多美的所有小伙伴。

1. 寻找我自己（企业领导者）的初心

前面我说过，经营好企业，需要三心合一。对企业家而言，第一步就是要重立初心，就是重新梳理企业创办的动机、目的；重新塑造自己的使命、愿景、价值观，这是至关重要的。如果初心不正或者有偏差，那么后面你再努力，都会遭遇困境。可以想象我们经历的所有痛苦，其根源都来自创立企业或者经营企业的动机不纯。

我想但凡创业，一般会有三个初心。第一个初心就是赚钱。这个初心是最低层次的。很多人都说企业不赚钱，那不就是假话吗？我认可企业是以赢利为目的的，犹如松下幸之助先生说的，不赢利的企业就是犯罪。但纯粹为了赚钱的水准就非常低下，我们完全可以通过为社会创造价值，解决更多的社会问题，钱财就会顺便而来。

于是我们必须放下自己的私利，以顾客与员工利益为基础，只有这样才能够真正长久地赚钱。我并不是让大家放弃赚钱，而是要把握赚钱的本质，用更好的方式去赚钱，这是我们的第一个初心。

第二个初心就是兴趣。很多人创业初心不是为了赚钱，是觉得这个事很有兴趣，所以想把这个事做成，这应该属于第二个水准。至少在这里面，他不是在利己的层面，换个角度，他已经是到了"去我"的层面，但是为什么只能说是去我，因为背后还有我，因为这是我的事，我想做的事，我觉得有兴趣的事，只不过它比赚钱那个直接的利己显得隐晦很多。所以这样的企业实际上也容易成功，也能够走向中型企业，但是要想做大做强并持久，可能性不大。

第三个初心就是利益顾客、利益员工、利益社会。就是持续不断地为顾客创造价值，我们才会有业绩；真心实意地为员工好，让员工成长和进步，我们这个组织力才会强大；持续不断地贡献社会，才会有更多的社会资源来支持我们，助力企业的发展。所以企业经营的本质不在于利己，而是在于利他，只有利他才是最大化的利己。这是最高维度的初心。

实际上重立初心就是要从"我"到"去我"到最后变得"无我"，变成纯粹的无我利他，这样的初心才是有力量的，不仅能够赢得员工的真心，还能收获顾客的爱心。

中国的禅门有一个公案，看山水的三境界，一是看山是山，看水是水；二是看山不是山，看水不是水；三是看山还是山，看水还是水。这段公案哲理深刻，意味深远。

当认为企业是我的企业,企业关乎自己的名利富贵的得失,一旦遭遇困难就会非常煎熬,喝酒攀缘、熬夜拿身体去拼,甚至于不择手段、违法违纪。即便如此竟然还赚不到钱,所以就陷入了迷茫、困惑和压力。我觉得中国有一句古诗说得好,"不识庐山真面目,只缘身在此山中",被"求之不得""患得患失"的情绪遮蔽,我们并没有看清楚企业经营的本质,这就是第一个层次的"看山是山,看水是水",也是看问题停留于表相的意思。

把自己的企业看成这一家企业,不要纠结于自己的利益和情绪之中,跳出"我"的局限去看,就更能接近问题的本质。这就是我们通常所说的看山不是山,看水不是水的境界,"去我"虽不接近问题的核心,但也不至于留于表相,执着于表相。我们便开始思考,业绩不好关乎产品、关乎营销、关乎组织、关乎制度、关乎信息与资源,等等。

到了看山还是山,看水还是水的第三境界,就是透过表象直击本质,抓住了问题的核心,明白了问题背后的内在联系。我们就会把更多的心放在利益顾客、利益社会、利益员工、利益上游企业等所有利益相关者身上,从这些源头出发,构建企业运营的体系,企业就会获得重大的发展空间。利益顾客、员工、社会程度越大,企业经营的竞争力就会越大,企业价值就会越大,最大化利他就是最大化的利己,这才是企业经营的本质。从"我"到"去我"到"利他"的境界,跳出"我"的束缚,才能看到"山水"真实的美好。

2. 寻找小伙伴（员工）的初心

来到果多美的小伙伴，有的是想挣更多的钱，让自己过上想过的生活；有的是想通过自己的努力让父母家人过上更幸福的生活；还有的是为了在这里把自己塑造得更好，吸引到自己的另一半；还有的是为了让孩子有一个更美好的未来。

无论是上述提到或没有提到的初心，其实无外乎就是物质需求和精神需求两大类。物质上希望通过自己的努力获得更多的金钱和财富来提升自己的生活档次，精神上希望获得除了物质生活以外更高的精神层次的回报，如与身边的领导、顾客、同事之间的和谐关系，以及获得肯定与尊重，等等。

想要实现以上的初心，说难很难，说容易也容易，关键取决于有没有发现成功的真谛。这个真谛，其实就是"正反馈"的秘密。

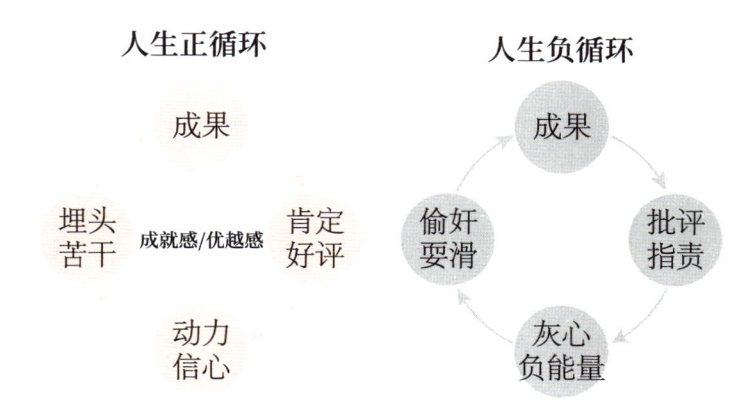

人生正循环：成果 → 肯定好评 → 动力信心 → 埋头苦干（成就感/优越感）

人生负循环：成果 → 批评指责 → 灰心负能量 → 偷奸耍滑

图6-2 正反馈与负反馈

所谓正反馈，就是指拼命努力，埋头苦干，这样就一定能够获得好的结果，那么好的结果就会获得领导和同事的肯定与好评，继而也会因为获得肯定和好评而让自己动力十足，信心倍增，也就会更加努力和积极地再投入工作，这样就形成了良性的循环，这就是正反馈的秘密。

与之相反的就是负反馈，如果一个人在工作中偷奸耍滑，那么工作成果自然就会不尽如人意，也就势必会得到上级和领导的批评指责，继而因此产生灰心丧气的负能量，再把怨气放在工作上，就会形成一个士气越发低落的负能量循环。

正反馈与负反馈孰好孰坏毋庸置疑，如何做到正反馈却值得深入研究。想要完成正反馈，最核心的一环就是通过努力工作得到顾客满意和领导同事的认同，而得到他们认同的唯一途径，就是站在他们的角度发现他们的需求，从而满足他们，获得认同。反之，如果一心只想着自己，让自己轻松愉快，自然体现在工作中会偷奸耍滑，直至掉进负反馈的深渊。

这个逻辑不正是"利他"思想在工作中的展示吗？这也是稻盛先生的成功方程式中思维方式的体现。只有思维方式对了，其他的才有可能实现。

说到这里，我们终于明白，每个员工想要实现自己的初心，唯一的路径不是先考虑自己，而是先考虑工作中的"他"（顾客、领导和同事），因为只有这样，才有可能形成正反馈带来的正循环。所以，利他反而是实现初心的最好方式。

二、修员工的缘：赢得员工的真心

修员工的缘有两层含义，第一是为伙伴尽力，第二是如何尽力。

1. 为伙伴尽力的含义

员工和企业之间确实有雇佣的关系，企业支付工资，员工为企业工作。说白了，也是利益相关方。如果是索取的心态，双方之间一定会产生矛盾。表面上对老板、对企业很认可，但实际上心里想的是如何在企业里获得更大收益，由此出现偷工减料，渴望钱多事少，离家近等，甚至贪污受贿等现象。只有提出帮助员工成长和进步，共同去服务好顾客，才会获得企业的壮大和员工自身的成长。

在公司的文化和制度层面，都要围绕这个核心——厚德载物，谁成长了，谁进步了，谁将获得发展的机遇，谁获得物质和精神的双丰收，激发大家的正向奋斗，只有这样，顾客和员工才会真实感知到，老板的初心是为了顾客、员工和社会，大家才能感知到你人品的高尚和人格魅力，也才感受到这家企业不仅仅是在做生意，还有很多有意义的东西。

人的内心世界里都有良知。对于有意义有价值的事，大家就更愿意去付出，去努力拼搏和奋斗。我想很多伟大的企业之所以做得非常伟大，都是由于对团队和员工的认知升级既有价值，又有意义，员工如果能感受到公司的伟大，老板和团队的高尚品格，就会爱这个公司和集体，愿意为此奉献，并将自身的命运和企业命运捆绑在一起。

2. 如何为伙伴尽力

如何为小伙伴尽力，修到员工的缘分，我们可以从三个层面去做，一是关注伙伴，二是激励伙伴，三是发展伙伴。

关注伙伴，可以从衣食住行情五个角度关注员工并提供帮助。对于离乡背井初到首都打工的大多数果多美员工而言，面对喧嚣的车水马龙的街头和陌生的脸孔，心底里充斥的是紧张和慌乱，如果门店同事在面对他们时能够在最基本的生存需求比如住宿、用餐等方面给予关心，那么彼此之间就自然产生了亲人般的情感。

就算不是初来乍到，日常工作中的关心也一样会让同事心有所依。工作忙碌来不及好好吃饭，回宿舍时年长的大姐给包顿饺子，不小心着凉感冒，同事听了默默地买药和照顾，所有这些都离不开一个"情"字，衣食住行是个载体，情是一切的根源，有了情的关注，是收获员工真心的基本通道。

员工上班的第一天，管理组要干的十件事

1. 值班店长在班例会上热情迎接新员工（标准：手抚心弯腰致意，高声喊：新员工上午/下午好，果多美某某某店欢迎您，新员工上午/下午好，果多美祝您工作开心）；

2. 值班店长带着新员工熟悉工作环境及工作设备；

3. 建立联系，主动把联系方式给予新员工，方便联系；

4. 为员工安排员工教练，并举行拜师仪式；

5. 为新员工介绍成长地图；

6. 值班店长安排新员工第一天早下班30分钟；

7. 值班店长在新员工下班后沟通30分钟；

8. 值班店长帮忙提东西，带着新员工去宿舍，帮忙铺床；

9. 值班店长在新员工入职的第一天给予5+次鼓励；

10. 店长给入职第一天的新员工发送一条欢迎短信。

激励伙伴则是除了满足大家最基本的生活需求后的更高维度的关心和帮助。在果多美，我们针对激励提出了"六脉神剑"：

赞美激励法：无论是管理者还是员工，要习惯于对身边的下属或者同事不吝于你的赞美，就像我们常说的"好孩子是夸出来的"一样，好员工也是夸出来的，当然这里说的夸不是随便地夸奖，而是言之有物的基于事实的赞美，只有当员工认为上级或同事看到了他真实为集体做的努力，才会产生强烈的被认同感，这样的赞美才有了真实的意义。

榜样激励法：管理者的行为就是员工的镜子，我们都有这样的体会，说了什么不重要，做了什么才重要，大会小会说顾客服务很重要，但自己在门店却与顾客发生争吵，那么说再多的道理也不会有人听，因为你自己已经用实际行动给出了你对这个问题的观点。这就是榜样的担当：严于律己，身先士卒。

尊重激励法：对于我们可亲可爱的来自农村的员工，我们更应该明白，尊重有的时候带给员工的远比金钱来的重要得多。为了工作成果，我们需要"有话直说"，但是为了员工的感受，更需要"有话好好说"，有话好好说的行为就是主动招呼，"请"或"谢谢"不离口，不要动辄批评甚至责骂，同样的话，换个说法，效果应该会更好。

情感激励法：人都是情感的动物，领导与管理的本质区别就是是否能够影响他人，带领他人。有句话说得好，一个领导的成功，不在于是否有人为你打拼，而在于是否有人心甘情愿地为你打拼，让人生死相许的绝不是金钱和地位，而只能是"情"，因此情感关怀是永恒的激励良方。

沟通激励法：下属的干劲儿是谈出来的，想要与下属或同事保持良好关系，调动他们的热情，保持良好而有效的沟通是有非常特别作用的方式，当然，这里的重点是"有效"，沟通原则说得好：沟通不在于你说了什么，而在于对方听懂了什么，所以多与下属和同事进行有效沟通，是强化良好关系的利器。

PK 激励法：PK 是个舶来词，主要的核心含义是"单挑"，这就非常明确地给出了"竞争"的感觉，而为什么需要 PK 也很简单，因为大部分都需要一场胜利来证明自己。所以在工作中人们既需要与别人竞争，也需要与自己竞争。与他人竞争如门店间或者门店内的业绩 PK，与自己竞争，比如给自己的作战都是可以让员工燃起斗志与热情的有效手段。

发展员工的关键点是培训、指导和期望。没有人天生会做好任何事，所以需要学习需要有人帮助。培训就是让员工提升技能的有效手段，可以通过"提前准备—讲解内容—你做他看—他做你看—做好夸他"这几个步骤来帮助员工学会技能和业务。

指导是对培训效果的进一步深化。很少有人能够一次性学会所有技能，所以在员工学完操作时需要进一步的帮助和指导，在工作中发现问题，示范讲解，再让员工实操，再给予表扬，让员工在不断的练习中提升。

期望是为员工进行职业生涯规划，就像前述找到自己的初心所讲，每个人都有自己的初心，如何将初心变成可实现的目标，将梦想变成现实，就需要做好明确和可落地执行的规划，帮助员工完成这样的规划，给一个期望，一方面满足了员工更高层次的需求；另一方面也为员工实现梦想添砖加瓦。

以上便是对果多美文化中"修善缘"的解读，有了自己的初心，用这份初心感召员工的真心，赢得顾客的爱心，倘若真的收到了这三心，企业经营便不成问题。这就是我们经常说的"三心合一，天下无敌"。

当然，我们不难发现，在"三心合一"中，最重要的还是我们的初心，对企业家而言，创办企业的动机是最为重要的。所以当企业面临困难，比如遇到市场变化、员工不忠诚、人才不够等问题的时候，我觉得现在来看都不是外在的问题，本质上都是内在的问题，都是一个企业家内心的问题。说白了就是我们的初心不足，并没有赢得员工的真心，也没有赢得顾客的爱心。

三、修顾客的缘：收获顾客的爱心

修顾客的缘，是指把握顾客真实的需求，不仅仅是要满足他的需求，更重要的是解决他的痛点和根本问题，他才会觉得这家企业非常优秀，才会不仅来购买我们的产品，照顾我们的生意，还会和你我一样深深喜欢上这家企业，爱上这家企业，愿意在这家企业遭遇特殊困难特殊问题的时候，舍弃自己的利益帮助这家企业渡过难关。

1. 对顾客和服务的深度理解

修顾客的缘，本质上就是做好顾客服务，但是对于服务这件事，正如前文所述，我们的顾客和员工的关系很长时间内显得非常拧巴，最主要的原因就是顾客对我们的要求和我们自己对自己的要求完全不一致，而解决这个问题的唯一答案就是我们的员工要真正认识我们的顾客究竟是谁，他们与我们的关系是怎么样的。为了让大家更深入地理解顾客理解服务，我们先从那几个特别容易让大家产生误解的地方着手，帮助员工真正地理解服务，理解顾客，修好顾客缘。

第一个误解：顾客是谁？为什么要有"顾客永远是对的"这句话？

估计每一位服务行业的从业者都在自己的工作中听说过这样一句话：客人永远是对的——你的上级说过，你的前辈说过。不管你是否认同，反正这是一句金科玉律，凡是与顾客争执都算员工错，大量的服务型企业都是这么做的。

事实上，近年来，很多人，包括服务行业很有名的大腕们都曾就这句话给过反对意见：客人怎么可能都对？不讲理的人很多，如此不分青红皂白的结论是对员工极大的不尊重！

但大家有没有想过，世间并不存在完美的人，这句显然错得离谱的话为什么会流传至今？我们有没有绕到这句话的背后去看看？再具体一点，这句话是谁说的？他那么傻吗？为什么会说出这句话？

其实，这句话源于服务业的代表行业——酒店业，一位被誉为"世界饭店标准化之父"的鼎鼎大名的斯塔特勒。据说斯塔特勒先生小时候家里很穷，13岁就在家乡水牛镇的一个小旅馆做行李生，有一天晚上，他看到一个住客登记入住房间以后没多久就又回到前台，跟前台员工发生了争执，最后的结果是这个客人怒气冲冲地走掉了，见到此情此景，少年斯塔特勒在他的笔记本上写下了一句话，恰好被他的主管看见，于是主管凑过去看他的笔记本，发现笔记本上写下的就是这句话：客人永远是对的。

主管非常好奇地问他为什么这么说，斯塔特勒先生慢慢地说道：无论如何，客人是走了，我们今晚损失了一间房的收入。所以，当斯塔特勒先生后来亲手创造了世界上第一家现代商务酒店时就把这句话变成了酒店的座右铭，并被全球服务行业效仿，而之所以那么多服务行业愿意效仿，是因为他们深刻地理解了斯塔特勒先生说这句话背后的意义：生意人求财不求气！再解读一下就是，并不是所有客人都是对的，我们只是为了让顾客心甘情愿地在这里消费，以及为其他顾客提供更好的消费环境（一旦吵架，影响的不仅仅是当事人），我们是把"对"让给了顾客。

斯塔特勒先生还将"客人永远是对的"这句话分解成了四层含义，一是要理解客人的需求，二是要理解客人的想法，三是要理解客人的误会，四是要理解客人的过错，每一层含义背后都有他的详细解读，比如对"理解客人的想法"的解读是，尽管顾客和员工表面看上去是在同一个场景下，但双方真正的状态是不一样的，员工是经过准备的上班状态，而顾客是兴之所至的消费状态，所以在那一刻的关注度和情绪是有很大差别的，理解了这一点，我们就能理解，为什么当店员主动热情地招呼顾客时，有时会被顾客不理睬，因为他跟我们不在一个状态，我们刚刚岗前培训完正在为实现今天的目标而努力，而他可能刚跟女朋友分手，准备买点吃的大快朵颐，我们说话时人家正神游天外，显然不会收到很好的反馈。

从这个角度讲,"顾客永远是对的"这句话中的"对",不是针对某个具体的顾客,而是被称为"顾客"的这个群体,我们将对让给对方,因为这个群体是在企业花钱的人,同时跟他们打交道的情况又会影响其他一些客人对我们的印象。

因此,不纠结字面的意思,而放眼思想的引导,绝大多数情况下,顾客是对的,确实不对时,让着他。

第二个误解:为什么只要与顾客发生争执,就让我道歉?

在几乎所有处理顾客投诉的流程里,第一条都是:真诚道歉。但是有很多不同意的声音:为什么要道歉?又不一定是我们错了?明明很多时候都是对方的错,为什么要道歉?之所以产生上述抵触,原因是,我们认为道歉就意味着承认我们错了,而这并不一定是事实。

一定是做错了才道歉吗?换个思路呢?假如我是你的好朋友,去你家做客,在你家的客厅自己不小心摔了一跤,你闻声跑过来一看此情景,脱口而出的是不是:"不好意思啊,摔疼了吗?"请问,我摔跤又不是你推的,你为什么要不好意思?是不是因为你是主人,作为主人,无论你有没有错,客人在你家出了状况,你都有责任表达歉意?

再把这个场景切换到门店,你是不是有似曾相识的感觉了?对,在这个场景下,顾客是客人,我们是主人,无论顾客是因为什么投诉,至少在我们的地盘上他不开心了,那么作为主人我们是否应该由衷地说声"抱歉"？为顾客在门店发生不愉快而抱歉，为顾客来买东西结果还心情不好而抱歉，而不是因为我们做错了而抱歉，这么一想，这句抱歉是否容易说出口了？

之所以让大家第一句话就说抱歉，其实是因为，很多时候，投诉顾客要的就是一个泄愤的渠道，而一个真诚的抱歉往往就能四两拨千斤，一笑泯恩仇。

2. 果多美顾客服务三神器

对果多美的员工来说，由于环境和顾客需求的差异，我们其实不需要像五星级酒店的员工那么悉心和周到，我们真正要做的其实只有三件事，把这三件事做好，大部分顾客就能满意，我们也就算修到了顾客的缘。

第一件事：仪容仪表

一个人的仪容仪表就是自己的名片，它不仅代表了自己的形象，也代表了企业的形象。人们很难对一个衣着邋遢的人产生信任感。研究表明，影响一个人第一印象的最主要因素就是视觉，它占据了人总印象的57%，可见一个人的仪容仪表和行为举止对决定别人对自己印象的重要性。

为了让员工快速学习并掌握相应要求，我们重新整理了果多美员工的仪容仪表要求六字方针：整洁、自然、亲和，在具体要求上我们也尽量简洁明了，便于员工参照执行。

第二件事：一笑泯恩仇

俗话说：伸手不打笑脸人，国内外也有许多讴歌微笑神奇作用的文学作品，在日常工作中我们也不难发现，一个喜欢笑的人很容易交到朋友，因为他通过微笑释放出去友好的信息，自然也会收到更多的友好。

为了方便员工记忆，我们把果多美的微笑场景分成了三类，并对此起了一个名字叫作"三声三笑"，具体来说就是：

来有迎声，笑相迎

问有答声，笑注视

走有送声，笑告别

分别从三个具体场景描述了员工对顾客的笑容要求，"三声三笑"在门店被宣导培训以后，员工的行为得到了指导，顾客的反馈也有了改善。

第三件事：主动服务

之所以强调主动，是因为主动并不只是一种行为，更重要的是表达一种态度，一种"积极提供服务"的态度，就像很多酒店要求自己的行李员提供"快步礼宾"服务，即看到有客人进店时要快步上前迎接的目的是让客人有一种"我是大人物"的感觉一样，果多美门店的员工主动提供服务会让顾客产生一种被重视的感觉，从而形成良好的第一印象，甚至让对方不好意思或者没机会提出不合理的要求。

我们也对主动服务的几个主要场景进行了梳理，分别是：

主动招呼-主动询问-主动赞美-主动服务-主动推荐-主动致谢

这几个场景包含了顾客到门店的所有关键点，只要能够在这几个顾客与员工接触的关键点提供主动服务，顾客的感受自然也会得到改善。

了解顾客的心理和需求，理解顾客对公司的价值，并提供相应举措，这就是我们修顾客的善缘。

果多美为什么会"果多美"

如果种了善因，修了善缘，便会收到什么样的结果？"果多美"便是对这两件事完成后最好的释义与解读。

"因"是原因，"缘"是过程，"果"是结果。我们曾经提出"因上精进，果上随缘"的概念，该概念的第一层含义是："因果"的核心在于因，要在"因"上精进，而不是执着于"果"。但只要在"因"上精进，"果"就会顺便而来。在企业中，只要我们坚持信念，坚持做善事，用良心经营企业，待人接物均为善，那么我们的成果一定又多又美，最终实现物心双幸福。

"因上精进，果上随缘"的另外一层含义是：我们在"因"上精进，种下善因，如果"果"没有到来，就证明我们自身的精进还不足。所以不要执着于感性的烦恼，依然要持续"种善因"，并不断精进。

"修善缘"则是在因果之间找到了一条更加清晰的可行之道。种善因还是一种思想上的问题，只是知道概念而不知如何去做，那距离果多美的结果依然还有很长的路要走。而修善缘则是从内因（自己）和外因（顾客与员工）两个方面找到了具体的操作方法。

对于果多美而言，创立之初就是因为种下了善因，提出了"用品质说话"的理念，所以才能发展壮大。现在我们抛开一切杂念，"以感恩相约"，在感恩的心态上践行善与良知的经营。"种善因，修善缘，果多美"的信念就是我们果多美人的精神支柱，所有人遇到任何问题，回到信念的原点都可以找到问题的核心本质，做人与做事都包含其中。未来，果多美要坚守住我们的信念，坚守初心，一步一个脚印地稳定发展。

后记

企业家的未来是教育家

孟子言:"穷则独善其身,达则兼济天下。"这是很多企业家的情怀写照。中国人骨子里的情怀让我们在有能力时,愿意为更多人做些有意义的事情。有很多的企业家一直致力于公益事业,尤其关注教育事业。我们不仅常常看到企业家在教育领域捐款捐物,也能看到很多企业家开办大学院校,甚至有的企业家自己直接投身教育科研领域。国人对教育的重视,根植于民族文化的基因。

"你有能力时,决心做大事;没有能力时,快乐做小事。"这是果多美企业之歌中的一句话,在企业成长的路上,我们也在探寻实现更大的意义。做好自己的企业是本分,承担更多的社会责任也是我们的使命。企业以人为本,社会亦是人与人共同创建,什么样的人决定了什么样的世界。教育之所以伟大,在于对人向善和向上的引导,让我们拥有了同一个更加美好的未来。

企业也是一所大学

何谓大学？如果说学校是一个可以让你获取知识的地方，那么大学则在于知识教授的广度；另一角度看待大学，则重点在于知识教授的深度。于我个人而言，厚德博闻谓之"大"，通往厚德博闻的上进成长之路，谓之"学"。

中国人的成长不外乎两点：做人与做事。做人之教育在于厚德，即向善，帮助提升内在修养；做事之教育在于博闻，即向上，不断提升外在技能。如果说企业也是一所大学，那么企业的意义就在于教会员工做人与做事，帮助员工实现物质与精神的双丰收，即物心双幸福。

当我们改变了自己的员工，让他们通过自己的努力在做人与做事上得以精进，让自己的生活更加美好，其实间接的，我们也在改变着整个社会。

从果多美角度来说，截至目前，我们有员工近三千人，每天服务着近十万顾客。这三千员工背后、这十万顾客背后，果多美又影响着多少个家庭的生活？在零售行业，这些员工的出身或许并不高，但不可否认他们每个人，都是一个家庭的支柱，是一个家庭幸福的根基。也正因为零售行业的服务属性，这些员工带给顾客的感受，也在产生着更广泛的社会影响。

人之初的教育在于原生家庭，之后便是正规的学校教育。进入社会后，我们常说来到了社会这所大学，其实进入社会就意味着参加工作，教育的责任主体就是企业。法律法规没有给我们这样的义务，但从良知出发，我们应有这样的担当。企业的理想状态就是一所大学，企业家的理想状态就是一名教育家。

培训、培养与教育

在企业内部，我们常常做培训，但这里的培训一般是指对员工的业务技能进行教授，比如工作标准与流程。所以培训的特点是针对具体的事。一般企业很看重培训，因为事情很具体，所以一般培训完成后，就能够产生很好的结果。

比培训更高一层次的是培养。培养的是除了业务技能以外的经验和知识，这属于一种方法。因为经验可以帮助员工更好地掌握技能，将能力融会贯通；而知识会帮助人拓宽视野边界，让人豁然开朗。

但比培养更高的维度是教育。因为教育聚焦在更为抽象的哲学文化的层面，比如我们之前提到的做人哲学、做事哲学，也就是价值观。教育不像培训那样马上会取得成果，因为它相对抽象，因此还需要受教的人在工作和生活实际当中慢慢领悟、体会。很多人受教育后，看上去知道了，但是不一定能做到。而只有被教育者真正做到才是教育的成功。

教育必须有教育的心态，不能寄希望于马上产生结果。育有培育之意，就是你要有足够的包容之心，让他成长和进步。

企业家做培训，是看重事的功利心；做培养，是看重人的功利心；二者本质上还是源于企业需要，是"我"的私心。教育家则不同，教育在于无我利他的纯粹之心，这也是一个企业家走向教育家的修行之路。

企业家的自我修行

"三心合一，天下无敌"。找到自己的初心，赢得员工的真心，收获顾客的爱心。这句话是果多美极为重要的教育理念，育人的前提就是自我修行。修身、齐家、治国、平天下，凡大事者，必先修其身。对于企业家而言，修行即育人的开始。

教育不仅仅是把自己的想法强加给员工或者顾客，更多的是要用自己的心去影响员工，影响顾客。所以教育更多是通过言传身教，对员工产生影响。如果你不是真心帮助员工成长，你也没有教育的心态。你如果只是为了企业的业绩和经营成果，那你不可能从事教育。所以说做教育还在于企业家自身的心性。教育绝对不能两张皮，你要求别人一套，要求自己的又是另外一套。从这个角度上讲，教育本质上也是教育者的自我修行。

当下的很多教育走偏了，就是这个原因。在学校教育中，学校和老师们更多在意的是学生对知识的掌握，是学生在考试中的成绩，是学校的升学率，他们仅仅对知识进行教授，并不是完整的教育。我们也由此感觉只有教育才能影响一个人，进而改变一家企业、改变整个社会。企业家与其说是经营一家企业，不如说就是修为自己的这颗心，只有把自己的心修好了，去经营好员工的心，顾客的心，这就是"三心合一，天下无敌"的底层逻辑。

说到教育员工，大家都可以理解，但实际上我们的顾客也需要来自企业家的影响甚至说是教育。为什么这么说？如果一个企业要对这个社会做出贡献，只是卖自己的产品和服务，这样的贡献还是太小了，更重要的是要通过自己的产品和服务去影响人，解决更多社会问题。

水果是大自然对人类最美好的馈赠。我自己在吃水果，尤其是吃到好吃的水果时，都会不由自主地感叹大自然造物之精妙，感受到阳光、雨露、土壤、风等巧妙的因缘结合。当我看到一棵樱桃树能够孕育出300斤果实（相当于两个我的体重）时，不禁要对这棵果树深深地鞠躬，因为它每年都要孕育出两个我，想到这个就会感叹果树母亲的伟大。这种伟大恰恰就是奉献自己，抚育他人。所以水果真的不仅仅是用来吃的，它自身就携带着奉献、感恩等情感属性，生来利他。

我们希望顾客能够把水果买回去，用于亲子活动，和孩子一起来做创意果切；希望能为老人，糖尿病、高血压、尿酸高的患者找到适宜的水果；希望为女性朋友提供更健康的水果代餐来保持美丽。

我们希望能够为久未谋面的亲友、恩师、领导邮寄一份水果，让所有人在传递水果的过程当中，在享受香甜的过程中，感受到彼此的惦念和爱意。传递爱、分享爱，人世间就会处处洋溢着美好，很多家庭生活中琐碎的抱怨、争吵，也会在这种爱的关心下，被消灭得无影无踪，关系会变得更有温度。这才是我们组成家庭，人与人之间相处最渴望的一种氛围。

我们希望借由水果，让这个世界流淌着爱，弥漫着香。我想这才是我们除了卖水果本身的价值以外，最该追求的更大意义。

所以，首先我得自己先有这样的认知，通过洞察感受社会的问题，再通过自己的产品和服务，把水果承载的情感传递出去，解决社会问题。这是经营水果的全新高度，也是在履行一个企业家应尽的社会责任。

企业家的未来一定是教育家。这句话说起来简单，但做起来很难，路还很长。经历过这一场荡涤心灵的哲学之路，果多美取得了很多成绩，但也依然面临着诸多问题。教育是一个过程，修行伴随终生，我们也在不断成长。庆幸的是，工作本身就是道场，我和我的伙伴们仍然在披荆斩棘的路上。

附录
果然不凡哲学手册

果然不凡

果多美奋斗者成长手册

(二零二一年修订版)

序 言

2009年，果多美第一家店在北京诞生。十余年间，我们通过"卖水果"，传递大自然对人类最美好的馈赠，收获了京城百姓的支持与信赖。这份造福民生的事业让我们拥有着天然的使命感，看似平凡，实则伟大。

在回顾、总结果多美企业发展及果多美家人奋斗成长史的过程中，我们惊奇地发现，非凡的事业其实正是由我们每一个平凡的果多美奋斗者拼搏而成的。他们的成长总是历经坎坷：有些从洗车工或餐饮服务员，一路披荆斩棘，成长为门店优秀的经营者；有些从到处帮人收麦子的流浪打工者，不断学习沉淀，一跃成为优秀的经理级干部。他们一个个鲜活的故事，让我们更加坚信双手可以改变命运。

果多美家人大多来自地方乡县，由于原生家庭等因素，想要达成一番成就，往往需要付出比他人更多的艰辛与汗水。时代的高速变化更让新一代果多美青年接受了纷繁复杂的信息，却无力正确认知，进而对人生感到迷茫，对成长手足无措。

随着企业发展，果多美也纳入越来越多拥有良好教育的年轻人，但知识并不能帮助其培养正确的思维方式，有时我们穷奇力量追逐的"成功"并没有带来幸福快乐，反而让我们在梦想与现实的落差中，焦虑无助。

"大学之道，在明明德，在亲民，在止于至善"。果多美作为一家数千人企业，更应该承担起这份社会责任，让所有无法在学校中读完大学、读好大学的果多美家人，通过果多美平台的实践与历练，开拓智慧，启迪心灵，从而由平凡走向非凡，收获美好的人生。

由此，我们将果多美奋斗者们十余年的成长历程及成功经验提炼、汇编成册，希望这些简单朴实的思想及原则可以作为每一个果多美家人正确做人、努力做事以及做好经营的方向指南。每一件平凡的小事都将成就我们，我们也将通过奋斗实现价值，用自己的故事点亮人生。

谨以此册，献给所有果多美家人，向所有果多美奋斗者致敬！

张云根

2021年4月

目 录

企业信念 /282
企业愿景 /282
企业使命 /282
企业价值观 /282

第一篇　平凡创造非凡 /283
第1章 成功方程式 /283

第2章 正确做人是非凡的开始 /284
1. 从"利己"到"利他" /284
2. 以阳光心态与周围相融 /284
3. 对身边的人和事常怀感恩之心 /284
4. 谦虚对己、坦诚待人 /285
5. 每天都要回顾、反省 /285
6. 自律才能自由 /285
7. 相信的力量 /286

第3章 努力做事是非凡的过程 /286
8. 突破自我，走出舒适区站上更大舞台 /286
9. 爱上工作 /286
10. 精益求精，在平凡中创造非凡 /287
11. 自我燃烧，成为团队中的灵魂人物 /287
12. 认认真真地过好每一天 /287

第4章 能力一定会与日俱增 /287
13. 能力要用将来进行时 /288
14. 在学习和实践中提升能力 /288

第5章 真正的幸福 /288

第二篇　共筑伟大事业 /288
第1章 我们共创果多美 /289

15. 人人都是果多美 /289
16. 统一方向，形成合力 /289
17. 为伙伴尽力 /289
18. 有话直说，有话好好说 /290
19. 贯彻"三公"原则 /290

第2章 顾客成就果多美 /290
20. 贯彻顾客至上主义 /291
21. 服务从微笑开始 /291
22. 发现顾客的真实需求 /291
23. 每一个人都要成为顾客的水果管家 /291
24. 总是不满意的顾客是我们请都请不来的免费质检员 /292
25. 把"对"让给顾客 /292
26. 用真心与顾客构建邻里关系 /292

第3章 经营强健果多美 /293
27. 用良知经营企业，光明正大地追求高利润 /293
28. 树立高目标 /293
29. 目标要众所周知，彻底贯彻 /293
30. 用数字指导日常经营工作 /294
31. 销售最大、费用最小、时间最短 /294
32. 按所需数量购买所需物品 /294
33. 贯彻——对应的原则 /294
34. 贯彻双重确认的原则 //295
35. 竞争意识大于竞争手段 /295
36. 订货即经营 //295
37. 定价即经营 //296
38. 度是果多美的生命线 /296
39. 贯彻现场主义 /296

企业信念

种善因 果多美

今日的结果必然有过去的原因,这就是宇宙的"因果"法则。人生只有种下一颗颗善因,未来才能收获更多、更美的果实,这就是"种善因、果多美"。经营果多美,从事我们的事业,也要与人为善,秉承善心、善行的原则,才能让我们事业更加辉煌。这是我们深信不疑的信念。

企业使命

让全体家人收获美好人生
让天下人享受水果好生活

企业愿景

北京一,中国一,世界一

企业价值观

无我利他,向善向上

无我利他

利益自己是人的本性,但一味地自私自利会让我们与他人及社会隔离。利益他人、利益社会才能体现我们的价值。事实上,最大化的"利他"就是最大化的利益自己。"无我"就是在起心动念的时候,暂时放下自己的利益,把他人的利益作为思考的原点。

向善向上

做人就要"向善",与人为善,就容易得到他人的支持和帮助,自己也会在帮助他人的过程中感受到幸福。做事就要"向上",拼搏向上,就一定能够锻炼自己的能力,并能成事。"向善向上",正确做人,努力做事,是我们必须遵守的基本原则,也是人生成功、幸福的捷径。

第一篇
平凡创造非凡

人没有高低贵贱之分，却有心灵层次之别。只要有一颗不甘平凡的心，那么我们就能创造非凡。

正视平凡，既不妄自菲薄，又不自甘堕落，通过正确做人、努力做事，就能改变命运，让我们从平凡走向非凡，进而拥有一段美好人生。

Chapter 1
第 1 章
成功方程式

成功只是一种描述，我们可以换个词理解，就是"结果"。人最怕碌碌无为，都期望有个"好的结果"。成功方程式就是引导我们走向成功的正确方法。在日常生活中、工作中，甚至人生中遇到困惑，我们同样可以运用成功方程式来判断和行动，而这种判断和行动的积累就会形成我们各自不同的人生。

> 人生·工作的结果＝思维方式 × 热情 × 能力

人生·工作的结果由思维方式、热情和能力这三个要素的乘积决定，即人生·工作的结果＝思维方式×热情×能力。

热情即努力，能力即才华。那些认为自己能力平平，但比任何人都努力的人，反而能够取得更为出色的成果。事实上，只要努力工作，能力就会提升。

思维方式就是心念善恶，是决定人生、改变命运的重要因素。思维方式有正负、对错之分。正确的思维方式，可以引导人获得正面的人生结果，错误的思维方式只能导致负面的人生结果。即使能力再强，热情再高，结果也是负面的。

因此，努力和能力非常重要，但核心是：作为人必须拥有一个正确的思维方式。

Chapter 2

第 2 章
正确做人是非凡的开始

中国有句古话"做事之前先做人",事实上,平凡创造非凡也要从正确做人开始。正确做人,就是拥有"向善"的思维方式。

1. 从"利己"到"利他"

"利己"是我们的习性,是大多数普通人都有的意识。人都会不自觉地趋利避害,做出最有利于自己的选择。但是仅凭利己心判断事物,把一个"私"字放在首位,那么就得不到周围人的协助,工作也不可能顺利进行。如果每一个人都是这样的想法,会使团队各自为政,变成一盘散沙,失去战斗能力。

"利他"才是我们的良心本性,即使自己吃亏也要为他人着想。要想把工作做得更好,就不能光考虑自己,还应该顾及周围的人。作为伙伴,只有利于团队,才能得到大家的认可。作为公司,只有利于顾客和社会,才能有生存的可能。只有利于他人,才是最大化利益自己。任何人的价值,都是通过"利他"来实现的。

成功不过一转念,就是从"利己"的思维方式到"利他"的转变。每天践行一点点,使"利他"变成习惯,日复一日、年复一年,直至让"利他"占据你的内心深处。你将从一位凡人,变成一位有益于他人、有益于社会、受人尊敬的非凡之人。

2. 以阳光心态与周围相融

阳光心态,就是乐观开朗的积极心态。

拥有阳光心态的人,很容易和周围人打成一片,营造温馨的氛围。失去阳光心态的人,人生就会变得灰暗,也会让周围黯淡无光。

人不可独立存在,要保持内心打开的状态,积极主动与周围相融。即使面对委屈和误解,也要从正向的、积极的方面去接受和面对,绝不能牢骚满腹,消极处世,或者嫉妒别人、憎恨别人。

3. 对身边的人和事常怀感恩之心

每个人从出生开始,就不是独立的个体。养育我们的父母、让我们成长的老师、给我们带来欢乐的朋友、成就我们事业的平台……这一切都值得我们去感恩。不忘记周围人的帮助，常怀感恩之心，能使环境更加和谐，团队更加融洽，进而推动人生和事业的发展。

世上本无绝对福祸顺逆，一生中我们所遇到的任何人与事，包括挫折、灾难、困难、压力……都在帮助我们不断成长。常怀感恩之心，才更能让我们看清问题的真相，才能让我们真正从"利己"走向"利他"，真正用阳光心态与周围相融。

因此，我们所获得的成就，都来自他人的造就。感恩，是一种正向的思维方式，是品格，更是信念。

4. 谦虚对己、坦诚待人

所谓谦虚，就是戒除"自我"为中心的意识，不自我陶醉，保持空杯的心态。所谓坦诚，就是放下自我，承认不足，进而诚恳地向他人学习。谦虚是对自己的要求，坦诚是与他人相处的姿态。

没有谦虚心，就会骄傲自满；没有坦诚心，就会自以为是。这两者都会导致对他人意见产生排斥，从而失去进步机会和身边人的帮助。

没有能力时，要真诚地向他人学习；有能力时，更要谦虚，以免伤害到别人，然后在恰当的时机，用恰当的方式，真诚地帮助他人成长。

5. 每天都要回顾、反省

每个人都要养成一个习惯——每天都要回顾和反省。

回顾，就是把一天的事情进行分解和分类，从中发现哪些地方做的好，哪些地方没有做到位，从而积累经验，实现能力的成长。

在回顾的过程之中，反省自己做人的不足：哪些不够利他？哪些不够纯洁？哪些不够阳光？哪些又骄傲了？哪些又不坦诚了？哪些又不够努力了？从而提升心性，实现思维方式的成长。

人无完人，反复修正自己，周而复始，才能从平凡走向非凡。

6. 自律才能自由

每个人都渴望自由，崇尚自由。真正的自由，是可以自主选择并掌控人生道路。散漫、惰性、贪婪等很多人性的恶习，都会让我们止步不前，甚至走向歧途。

自律是一种非常强大的精神品质，可以让我们严格要求自己，严格约束自己，严格规范自己，从而实现真正的自由。一列没有轨道的火车、一架没有航线的飞机，永远无法到达目的地。自律的人不一定获得成功，但是成功的人必定自律。

因此，放纵不是自由，自律，才是自由的必经之路。

7. 相信的力量

人只要相信，就会在内心产生力量，就会变得笃定、勇敢、乐于挑战，容易获得意想不到的成功。反之，一旦对某事物产生怀疑，行动力就会瞬间丧失，最终碌碌无为、一事无成。

普通人往往只相信眼前的现象和看得到的利益，甚至故步自封、自以为是。增强"信"的能力，剔除怀疑、质疑的陋习，就是从普通人走向非凡人的关键。

我们总以为"容易相信"是傻，其实"愿意相信"才是大智慧。愿意相信事，就容易成事；愿意相信人，就容易得到他人的支持和帮助。

Chapter 3
第 3 章
努力做事是非凡的过程

做人是前提，但要改变平凡的命运，还需努力做事。事实上，正因为努力做事，才一步一步让我们走向非凡。

8. 突破自我，走出舒适区，站上更大舞台

人人都愿意待在熟悉的环境、采用熟悉的方式、面对熟悉的人、事、物，这就是我们的"舒适区"。突破自我，走出舒适区，就是勇于挑战陌生和未知的事物，做难做之事、行难行之路。

一个人留在舒适区的时间越长，难以改变的惰性就会越大。面对突如其来的打击，我们将难以招架。想要改变命运，站上更大的人生舞台，就要勇于向舒适区的那个"自我"开战。

9. 爱上工作

兴趣是最好的老师。要把工作做得完美，就要爱上工作。

任何工作，只要全身心投入并取得成功，就会获得巨大的成就感并产生自

信，进而萌生向下一个目标挑战的欲望。在这样反复的过程中，你就会更加热爱工作。这种状态下，任何努力也不会觉得辛苦，就能孕育出优异的成果。

只有把心态提升到这样的境界，才能在工作中取得辉煌的成功。

10. 精益求精，在平凡中创造非凡

在工作中，不能满足于一时所取得的成果。要不断告诉自己，"再做好一点，再做好一点"。从而，细心打磨每一个细节，不断追求完美、精益求精。

在看似平凡、枯燥的工作中，只要我们用最虔诚的态度，不断思考如何改善改进，把平凡的事情做到极致，就会获得非凡的成就。这就是社会所倡导的"工匠精神"。具备这种精神，哪怕从事最普通的工作，也能让我们成为非凡之人。

11. 自我燃烧，成为团队中的灵魂人物

想要成就一番事业，就必须具有自我燃烧的热情。对于一支团队来说，最需要的是自燃型的人，其次是可燃型的人，而要摒弃的则是不燃型的人。自我燃烧，就是对峙"等、靠、要"这种惰性思想的良药。

积极、主动、担当，以饱满的热情投入每一项工作之中。哪怕是在平凡的岗位上，也能通过自我燃烧发光、发热，从而影响周围的人，成为灵魂人物，带动整个团队的氛围。

12. 认认真真地过好每一天

有人放不下过去，计较得失；有人看不清未来，悲观迷茫；有人幻想着美好，却不在当下努力。

应付、懈怠、懒散的一天不会创造任何价值，而认真、勤劳、充实的一天不仅创造价值，还会带来内心的富足。

大事要认真，小事也要认真，极度认真地面对当下每一件事、每一瞬间，人生就会瞬间灿烂。

13. 能力要用将来进行时

人的能力并非静止不变，可以朝着未来的方向、不断成长进步。如果只以当前的能力来评价自己，那实在是太妄自菲薄了。我们不要把自己限制在当前的能力水平，而应该相信能力会随着时间的推移而提高，从而朝着高目标努力迈进。

以当前能力来制定目标，将失去发展的先机；将目标设定在当前能力之上，反而会激发提升自己的热情。

因此，能力一定要用将来进行时。

14. 在学习和实践中提升能力

"学习"是对别人经验的吸收,"实践"是亲身落地实操。学习是知道,实践是做到,知道并做到,才能真正实现能力的快速提升。

不骄傲自满,谦虚向他人学习,并付诸实践,不断总结经验和教训,从而得出适合自己的方法和技巧,能力便会随之提升。

Chapter 4
第 4 章
能力一定会与日俱增

很多人都认为自己没有能力,因此失去做人的信心,失去做事的热情,这是完全没有必要的。事实上,只要正确做人,努力做事,能力一定会随之与日俱增。

Chapter 5
第 5 章
真正的幸福

所谓幸福,就是一种内心感受——在勤奋中感受幸福,一心不乱的充实感;在感谢中感受幸福,成就归功于外的超脱感;在反省中感受幸福,庆幸反省后没有堕落的幸运感;在奉献中感受幸福,被爱、被赞美、被需要、对他人有帮助的成就感;在谦虚中感受幸福,收获成长的喜悦感;在乐观中感受幸福,破除烦恼的自在感。

如何做人?如何做事?如何成功?如何幸福?都是我们必须思考清楚的问题。总之,从平凡走向非凡,获得幸福,就是我们真正的追求。

第二篇
共筑伟大事业

企业是我们成长的平台,也是我们的命运共同体。只有通过大家共同的努力,把企业经营到最佳状态,才能实现。如何利益顾客、如何强化经营,都是我们共筑伟大事业必须思考的问题。

Chapter 1

第 1 章
我们共创果多美

每一个人的力量是非常有限的，做成一件大事的核心就是得到他人的帮助，因此团队的最大合力是共筑伟大事业的基础。将大家凝聚在一起，发挥所有人的价值，是我们应该为之努力的目标。

15. 人人都是果多美

在职场，在平时的生活中，我们的言行举止，都与果多美的形象直接相关。每个人在工作上的细小操作，都决定着整体成果，影响着企业命运。

我们不做左顾右盼、寄希望于别人来帮忙的"旁观者"，也不做只会动嘴批评、不肯做事的"评论家"。我们首先必须认清自己的职责，主动努力把工作做好；其次我们每个人都要独立思考，即使不完善也要坚决实行，在实行中完善。这种态度就是果多美明天的希望。

为了在不久的将来把果多美变成一家优秀的公司，我们需要具备主动付出的心态、精益求精的心态、利益顾客成就自己的心态，去思考、去行动、去创造。

从这个意义上说，我们每个人都是果多美。

16. 统一方向，形成合力

人与人之间，总是存在着不同的想法。如果大家的思想不统一，力量就会分散，就不能形成公司的合力。

看看足球这样的比赛就会发现，向着胜利齐心协力的团队，同那些各自为战、只追求个人目标的团队之间，实力差距一目了然。

当全体员工心往一处想、劲往一处使的时候，就会凝聚成倍的力量，创造出令人震惊的成果。那时一加一就会等于五，甚至等于十。

17. 为伙伴尽力

在人的行为中，最美好、最可贵的莫过于帮助他人。虽说一般人往往先考虑自己，但实际上，每个人都因"助人"而感受过幸福。

企业是"家"，也是公司。为了美好的事业，为了能够更好地面对挑战，需要伙伴彼此尽力，相互补位，否则很难实现我们共同的目标。为伙伴尽力，就是为这个"家"尽力，也是为自己尽力。

彼此为伙伴尽力，不惜努力，才构筑了强大的集体、强大的公司。

18. 有话直说，有话好好说

以"什么是正确的？"为基础，以负责的态度，与工作相关的人们，真诚地指出彼此的缺点和问题，这就是"有话直说"。

对一切事物不可马虎，也无需拐弯抹角，必须不断地直言相告。因担心被他人讨厌而不敢大胆指出，只想保持和气，这是大错特错的。有时哪怕发生争论，仍要拿出勇气交换意见，这一点十分重要。事实上，当面不能直言相告，背后非议指责是对团队最大的伤害，也是对个人最大的不利。

有话直说的同时也要注意有话好好说。交流中不带负面情绪，同时兼顾他人的感受，用恰当的方式，真正帮助到他人。只有真诚交流，才能建立起真正的信赖关系，从而可以出色地做好工作。

19. 贯彻"三公"原则

所谓"三公"，即公平、公正、公开，是组织运作的基础，是团队氛围的保障。

公平：成员之间的评价标准一致；

公正：按照评价标准执行，做到一视同仁，不偏袒、不歧视任何人；

公开：评价的标准、方法、程序、结果等都要公开，使所有人获得信息的机会均等。

三公丧其一，出现同样表现不同待遇、例外情况不提前告知或存在暗箱操作等现象，领导的公信力就会瞬间丧失。团队成员就会遐想、猜忌，只考虑自己的利益，进而产生内部的冲突，经营就会陷入混乱。

统一方向、形成合力，我们必须严格贯彻"三公"原则、贯彻实力主义。在果多美，任何人都有权监督"三公"原则的执行，任何违背"三公"原则的行为都是对经营秩序的破坏。

Chapter 2
第 2 章
顾客成就果多美

企业经营利益顾客，反过来说，也是顾客成就了我们。我们都应该知道失去顾客将意味着什么？用正确的思维方式，用恰当的方法去满足顾客的需求，是我们共筑果多美事业和家园的关键。

20. 贯彻顾客至上主义

业绩不仅是一个数字，更是顾客对我们支持的证明。因此，我们表面上是经营数字，本质上是经营顾客的感受。顾客的感受好了，业绩就会上升，反之业绩就会下降。

作为经营者，我们必须牢记这个本质，始终把顾客的感受放在第一位。如何满足顾客的需求，如何提升顾客的感受，是经营思考的原点。我们要不断创造符合顾客需要的好产品、好服务，也要尽力满足顾客哪怕不合理的要求，彻底贯彻顾客至上主义。

顾客是企业生存之本。果多美能够发展到今天，本质上也是得益于顾客的支持，是伙伴们贯彻顾客至上主义的结果。为了我们的未来，每一个人都必须对顾客保持足够的敬畏之心、感恩之心。

21. 服务从微笑开始

发自内心的微笑，是传递善意的最好方式。见面一个微笑，就能瞬间拉近与顾客之间的距离，平复彼此烦躁的心情。

我们的态度直接影响顾客的感受，态度不好，再好的产品也不能让顾客满意。热情而真诚的微笑，是良好态度的展示，让我们更容易获得顾客的支持。

练就良好的心态，服务好我们的顾客，就从微笑开始。

22. 发现顾客的真实需求

因为不了解商品信息，顾客购买的不一定是他们真正需要的。作为服务者，也不能把自己的猜想当成顾客的需要。主动了解顾客的实际情况，结合自己的专业分析，我们不仅能够满足顾客的真实需求，还能构建彼此的信赖关系。

不利用顾客的信息缺失去赚取更多的利润，而是帮助其找到真实的需求，让他们在消费上更理性、更成熟。这是我们经营的初心，也是果多美"利他经营"的原则。保持这份纯洁的初心，我们一定能够赢得顾客永远的支持。

23. 每一个人都要成为顾客的水果管家

水果是大自然对人类美好的馈赠，我们所能做的就是把握自然规律，将最佳状态的水果呈献给消费者。这不仅需要极致的专业度，更需要强烈的使命感。

管家式服务是一种值得依赖的无忧服务，是专业化的水果生活解决方案。我们之所以强调这样的服务，恰恰就是水果不稳定属性和顾客需求差异化所决定的。我们的顾客渴望有一家良心企业，能够持续提供新鲜、好吃、健康、安全的产品，以及值得信赖的专业服务。

果多美人都应该专注于我们的事业，秉承责任与使命，成为顾客的水果管家，成为大自然爱的精神传递者。

24. 总是不满意的顾客是我们请都请不来的免费质检员

面对总是不满意的顾客，我们会心生疲惫。实际上顾客表达不满意，指出我们的不足，恰恰就是对我们还有所期待，也是我们创造感动服务的绝佳机会。

事实上，没有意见并不代表满意，大部分顾客会把不满带走，一次次失望只会让他们放弃我们，而我们也会在不知不觉中失去更多的顾客。

所以不断督促我们进步的顾客，是我们宝贵的财富。抛弃感性的烦恼，勇于面对顾客的投诉，心怀感恩、不断精进，才是我们成长的最大机会。

25. 把"对"让给顾客

世上之所以会有"对错"，那是站在各自角度判断的结果。对于"对错"的执着，往往就会让我们彼此对立，因此不会得到他人的帮助，也不会成事。

生活中，来访的客人即使犯了错，我们也会礼让，那是因为我们有主人的心态。这种心态不是出于事物对错的判断，而是出于"作为人，何谓正确？"的判断。在经营中，"把对让给顾客"也是出于经营者的主人心态。

如果与顾客发生冲突，不仅会失去这位顾客，同时也会给其他顾客留下不好的印象，有损我们的口碑。输了辩论留下顾客就是赢，赢了辩论失去顾客就是输。因此，无论对错，都需要把"对"让给顾客。

26. 用真心与顾客构建邻里关系

每天到店的顾客，大部分是周边500米范围内的居民。事实上，我们之间不是简单的买卖关系，更是亲密的邻里乃至大家庭关系。这种关系不仅是彼此之间的相互信赖，更是谁也离不开谁的相互依存；不仅是产品的需求与供给，更是彼此情感的互通交融。

中国有句古话"远亲不如近邻"，就是强调邻里关系的亲密性与重要性。贯彻顾客至上主义，用真心与邻为伴，与邻为善，积极参与社区公益活动，把顾客感受提升到更高层次，将经营从"价值"升华到"意义"的层面。这既体现了一种经营理念，也展示了果多美人注重情感、简单朴实的处事法则。

Chapter 3

第 3 章
经营强健果多美

会经营需要我们掌握经营要诀，使用专业工具，坚持经营原则，才能实现经营效果的最优化，企业也因此变得更加强壮和健康。

27. 用良知经营企业，光明正大地追求高利润

良知是正确做人的基础，用良知经营企业，就是要求我们以"作为人，何谓正确？"来规范经营动作。在利益顾客、员工、合作伙伴的前提下，用正大光明的方式追求高利润，这是经营企业的真谛。

作为企业，不追求利润就无法生存下去。追求利润既不是什么可耻的事，也不会违背做人的基本道理。在激烈的价格竞争中，努力推进合理化，提高附加价值而付出不懈努力，才能赢得利润的增加。

不是积极地为满足顾客要求而孜孜不倦、脚踏实地地努力工作，而是光靠着投机和不正当的手段，贪图暴利，梦想一掷千金。在这样的社会风气中，果多美自始至终坚持用良知经营企业，光明正大地开创事业，追求正当利润，多为社会作贡献的经营之道。

28. 树立高目标

在经营中，不以现状设立目标是非常重要的。只有树立高目标的人，才能取得伟大的成功，而追求低目标的人，只能得到渺小的结果。点燃团队的斗志，其中一个重要的工作就是树立高目标，它是促使个人和团队进步的最大动力。

有了高目标，我们必须学习并掌握实现它所需要的方式方法，制订详细的工作计划，把高目标植入潜意识，每天都努力前进。只要坚持不懈，在不知不觉中，就能取得惊人的成绩。

29. 目标要众所周知，彻底贯彻

实现全员参与经营，有一个重要方式就是目标共有，让所有伙伴都知道我们的目标。如果没有目标，或者只追求个人目标，团队的方向就不会得到统一，实力就会大大减弱。

我们不仅要让团队知道总目标，也要让大家明确自己的分目标，做到人人

围绕核心目标来肩负各自的任务。经营中，还要及时进行目标回馈，让每一个人实时知道目标的达成情况，由此目标才会得到彻底贯彻。

"目标要众所周知，彻底贯彻"，是一个关键的经营要诀。

30. 用数字指导日常经营工作

数据是经营实况的体现。通过对经营数据的复盘，用数字指导日常经营工作，就是挖掘数字背后的秘密，找到改善的机会。

在日常工作中，要注意数据的收集，以及公司报表的运用，通过前后对比、趋势分析，不断培养自己对数字的敏感性，提升我们的经营决策能力。

事实上，不利用数字指导经营，等于失去了修正的机会，也必将让我们的经营走向失败。

31. 销售最大、费用最小、时间最短

提高核算意识、每天都进行核算，用数字指导经营，其核心指向就是要实现销售最大、费用最小、时间最短，实现"投入产出"效率的最优化。这是高收益企业经营的秘诀。为了这个目标，我们必须每天钻研创新、坚韧不拔。一方面不拘泥于行业"观念"与"常识"，以高收益为目标，强化做大销售的同时，彻底削减费用；另一方面核算单位时间的人员效益，重视每一个员工为企业所做的贡献，来不断提高效率。

当然要实现这个目标，就必须让销售数据、成本明细、员工效率清晰化、透明化，从而使基层员工和"问题当事人"也能清楚认识到问题的根源。这也是全员参与经营的关键。

32. 按所需数量购买所需物品

在购买耗材、物料等所需物品的时候，我们会习惯多采购一些，这样会让自己觉得有使用的安全感，或省去重复购买的麻烦。实际上，即使大量购入能降低单价，也不可轻率地购买超出必要的物品。过度购买会成为员工滥用物品的根源，同时还需要付出占用存货空间、现金以及损耗增加等代价，而且还隐藏着未来根本无法使用的危险，造成不可挽回的巨大损失。

必要之时购入必需之物，在经营中保持轻装上阵，这一点非常重要。

33. 贯彻一一对应的原则

所谓"一一对应原则"，就是不管金钱、人员，还是货品、耗材、设施、设备等资产，一旦有进出，就必须有单据相随，让他们一一对应。

为了获得正确的数字来指导经营，在处理事务时，不能笼统记账，必

须逐一明确，对应处理。这是提高企业的透明度，杜绝员工违规行为的重要原则。

在没有单据的情况下动用现金或物品，或在没有对现金或物品确认的情况下，进行单据处理，这些做法都是不允许的，任何人都不能搞特殊。

34. 贯彻双重确认的原则

为预防员工单方面的失误或不正当的行为，有必要建立起多部门、多人复核的双重确认机制并严格去执行。例如，每一个班次营业款交账，每一次外出送货，月度货品的盘点，不仅要一一对应，还要双重确认，这些都是具有代表性的例子。

表面上看，在工作中建立双重确认的制度是增加了工作量，实际上，制度的疏漏往往会引发人性的贪婪。倘若制度完善，即便心生贪念，也无法犯罪，就能保护员工。尤其有关钱和物品的管理，一定要坚持贯彻双重确认原则，建立起防患于未然的机制。

35. 竞争意识大于竞争手段

所谓竞争意识是指在思想上始终保持对竞争的重视。所谓竞争策略是指具体的竞争方法。如果不能从意识上保持对竞争的重视，即使有再好的方法也得不到恰当地运用。反之，只要在意识上保持足够的重视，就一定能够找到最有效的竞争策略。

始终从顾客的角度出发，去创新和审视我们在竞争中的差异化，这是最核心的竞争意识。制造顾客可以感知的差异化，不断提升顾客的独特感受，这是我们主要的竞争策略。

"比、学、赶、超"是竞争必然要经历的过程，而在这个过程中，竞争意识永远大于竞争策略。我们不能惧怕策略与资源的不足，哪怕在明显弱势的情况下，也要始终保持足够的竞争意识，这样往往会获得出其不意的成功。当然，即使自己拥有明显的优势，也要居安思危，竞争的意识不可或缺。

36. 订货即经营

保证有货是经营的第一要务，是销售最大化的前提。但是货量过大会导致鲜度降低、损耗加大。货量不是越多越好，也不是越少越好。"订货即经营"就是告诉我们，把订货作为经营的起点，找到销售和货量之间的最佳平衡点。

通过对数据报表的分析，同时考虑天气、节日、客户预定、营销活动、团队目标等多种因素带来的变量，这是指导订货最有效的方法。在日常工作中不断总结经验，培养自己的敏感度和判断力，就一定能够累积出良好的订货能力。

在果多美，订货是经营者必须亲自把控的一项工作。

37. 定价即经营

经营就是经营顾客的感受，而顾客最直观的感受就是来自于产品的价格。因此，制定价格如同锁住经营的咽喉要道。一般情况下，定价高毛利自然就高，但顾客的需求会被抑制，销量也会受限；定价低毛利自然就少，但需求会被激发，销量会因此提升。

经营者必须在正确估算产品价值的基础上，找到一个定价点，使销售与毛利率的乘积达到最大，即毛利额最大。此外，这个点不论是对顾客还是对果多美来说，必须是皆大欢喜的价格。

为了找出这一点，决定价格时必须深思熟虑。

38. 鲜度是果多美的生命线

品质是顾客购买的第一要素，而鲜度是衡量生鲜品质的第一指标。有鲜度不一定有好品质，但没鲜度就一定没品质。生鲜产品失去鲜度，必然会造成重大损耗，同时导致顾客对我们丧失信心。因此，鲜度是果多美的生命线，是我们经营的底线。

为了确保鲜度，我们要让产品从枝头到舌头的时间最短，因此高效周转是我们的核心竞争力，这也是"订货即经营"的根本原因。一旦出现货量积压，首先我们一定要及时利用调拨、调价、变换售卖方式等策略进行清货。其次倒货、下货保证货品"先进先出"，贯彻"空上不空下、空后不空前"的陈列原则，做好果品的日常维护，都是鲜度经营的关键工作。

39. 贯彻现场主义

现场代表着我们工作的每一个瞬间，是我们每个动作、每句话的真实写照。里面蕴藏着太多细节，任何环节都有可能导致结果的变化。因此，出现问题首先要回到现场，脱离现场煞费苦心地空谈，绝对解决不了问题。

"现场有神灵"。经常到现场去，在工作中培养亲力亲为、身体力行的好习惯，不仅可以找到解决问题的线索，而且可以获得与销售相关的意外启示，提高我们的工作效率。这是营运、采购等经营部门的工作原则，对所有二线服务部门同样适用。

关注现场就是关注细节，而门店就是果多美的第一现场。

重磅推荐

专家学者推荐

水果产业是亘古不变的永恒产业,我们的果品既是老百姓的餐桌必需,也是人们的情感纽带。水果产业无论怎么变革,都不会脱离从业者的"良知",这是水果零售企业经营的根本。

——中国果品流通协会会长　鲁芳校

零售企业应该去教育、引导消费者建立正确的消费意识,赢得消费者信任。对消费者如此,对自己对员工亦是如此,企业组织管理的本质就是教育,企业家的未来就是教育家。

——中国连锁经营协会会长　裴　亮

教育是一棵树摇动一棵树,一朵云推动一朵云,一个灵魂唤醒另一个灵魂的大事。每家企业都应是一所育人的大学,企业家与员工教学相长,共同进步!

——上海财经大学电子商务研究中心主任　劳帼龄

未来零售要从流通体系变革的视角去做商品结构的调整以及业态创新，同时重视社会责任，社会责任就是最大的集客。企业文化是社会责任的重要支撑，企业发展终将受益于文化建设。

——首都经济贸易大学消费大数据研究院执行院长
工商管理学院市场营销系教授、经济学博士　陈立平

知名企业人推荐

面对技术创新和业态创新挑战下的连锁零售业，必须顺应时代变革的趋势，相信相信的力量，绝大部分人是因为看见而相信，而真正的企业家是因为相信而看见，创造出全新客户价值、具备强大市场竞争力的全新零售业。

——盒马集团CEO　侯　毅

就企业生存而言，企业家们应该思考一个核心命题：我们做对了什么才能走到现在？为了更好地应对不确定，我们接下来要做什么？我想这本书已经给出了答案。

——本来生活CEO　喻华峰

经历外企、民企、国企，实现职业生涯"大满贯"，这么多年在零售领域的探索，让我对各类企业文化都有着深刻的感悟。文化最难在落地，而这本书恰恰是文化实践非常好的参考。

——全亿健康CEO　万明治

"面对生命,唯有良心"是物美的核心价值观。零售的本质是以民生为本,为消费者服务,只有"种善因,修善缘"才能"信得过、靠得住、能放心"。

——物美超市总裁　许少川

多年前,听云根兄在台上演讲:"做生意,不要利用消费者的无知,而是要帮助他们成熟"。彼时,我颇为震动,深感他为人率真,经商有道。后来,我常常把这句话告诉我的员工,把这句话作为我们企业文化的一部分。今日,拜读云根兄新书,依然是强调利他、向善。时光荏苒,云根兄能够初心不改,既是做人的本质,也是生意成功的真谛。果多美、百果园,果然不凡!

——生鲜传奇董事长　王　卫

"是我们的员工创造了沃尔玛的价值体系,而不是华尔街"。在尊重个人、服务顾客、追求卓越这三项基本信仰和理念的共同作用和落实下,沃尔玛员工能够充分彰显主人翁精神,让企业焕发无限活力,这是文化带给沃尔玛的生机。

——沃尔玛前全球副总裁
　　沃尔玛中国前首席行政官兼高级副总裁　　王　培

未来实体零售核心竞争力之一是员工和顾客，趋同的价值观让员工真心实意跟企业一同成长，有温度的服务能够赢得顾客的认可。员工、顾客对企业的忠诚源于企业文化的感召。

——超市发前董事长
北京连锁经营协会会长　李燕川

医疗从业人员要抱有敬畏之心、使命和情怀。一架供需关系稳定的桥梁，一套完整的生态系统，背后定是强有力的企业文化支撑。不同行业的企业文化均可借鉴。

——阿里健康独立非执行董事　罗　彤

用哲学思想去感悟创业，用文化来建设团队，诸多感悟让创业者不孤独，在书中一定会找到自己的"感悟"的感悟。

——敦煌网联合创始人　刘思军

新时代的激流奔涌，如何把握当下世界之大变局，看清经营的本质？作者提出的利他哲学，既是企业穿越多个周期的生存之道，更是成就基业长青的伟大商业模式。

——盛景网联高级合伙人
山丘联康创始人兼董事长　颜艳春

零售从业 23 年，历经商业本质的变革考验，也用数字化作为武器为企业重塑未来商业而不懈奋斗。然而读完云根兄的这本书，却有一种醍醐灌顶的透彻感。很多零售企业追求不断创新业务模式，也将科技作为核心竞争力，但从长远发展来看，百年企业的灵魂则是文化，数古望今，能够流传一世的品牌，一定有着无可比拟的文化根基。

——永旺数字科技COO　杨　军

无论你取得何种成就，都来自对所在企业价值观的理解，企业需要活得久活得好也离不开企业价值观的形成。希望更多企业少一些拿来主义思维，多花一些精力总结形成自己企业的经营理念，这本书会给您带来更多的启示！

——罗森便利前副董事长　张　晟

张云根先生作为盛和塾优秀塾员的代表之一，他带领果多美全体员工学习、实践稻盛经营学的经历以及所取得的成绩充分证明了"利他"思想才是企业经营和发展的底层逻辑。相信本书的出版一定可以帮助更多的企业理解和实践稻盛和夫先生的经营学。

——稻盛和夫（北京）管理顾问有限公司总经理　赵君豪

知名投资人推荐

推动行业向上走、推动商业生态良性循环,背后是企业家经营伦理和智慧的支撑,也正是我推崇的"心零售",中国优秀品牌的不断崛起和心零售的大行其道将是同频共振的一体两端。

——中金资本董事总经理　胡祺昊

从企业家特质的角度来看,做得特别好的企业,往往都有它独特的价值观,我们称之为"极致者创不凡"。投资的本质也是"利他",极致利他就会带来极致的回报。

——弘章资本创始人　翁怡诺

行业媒体人推荐

一直在风浪中搏击的中国企业,已然到了沉下心修炼哲学的阶段。20年前,拥抱世界的中国企业最关心的,是"厂"(生产管理);10年前,拥抱互联网的中国企业最关心的,是"店"(客户管理);如今秋寒瑟瑟,只好拥抱我们自己的中国企业最关心的,应该是"馆"(文化管理)。走过30年市场经济,中国企业已积淀了文化,也必须提炼文化,同时还需要传播文化,进而传承文化。因为,企业再大,赚钱再多,也只有文化,最可传承。而文化的核心,不是标语,而是哲学。

——《中外管理传媒》社长兼总编　杨　光

企业经营一定要守正念，走正道，真正给社会和人类带来美好。一家理性、良性的企业，应该把追求美好放在第一位，开拓思维和格局，让企业和个人都走上一条美好的道路。

——联商网CEO　王跃林

零售行业乃至整个国家，都需要企业家精神。企业家自身修行，带领员工向善向上，为社会创造价值和意义，企业才能基业长青。

——《超市周刊》主编　高建成

企业不树立正确的价值观导向，就永远无法回归商业的本质。不以"利他"为核心经营理念，就无法创造可持续发展。

——《第三只眼看零售》主编　赵向阳

笼罩在零售业头上的乌云从未散去。陪伴零售兴衰沉浮十几年，从媒体人的视角看行业，"以文化人、以事炼心"才是企业健康经营的核心。

——《灵兽传媒》主编　陈岳峰